Compréhension de l'oral

Comment se présente l'épreuve ?

Pour la première épreuve de l'examen on vous propose l'écoute de 4 documents enregistrés.
L'exercice 1 propose (**Étape 1**) :
• 6 annonces publiques ;
L'exercice 2 propose (**Étape 2**) :
• 3 enregistrements données à la radio, dans un journal… ;
L'exercice 3 propose (**Étape 3**) :
• 1 message enregistré sur un répondeur téléphonique ;
L'exercice 4 propose (**Étape 4**) :
• des dialogues informels se déroulant dans le même lieu.

Et on vous demande d'écouter pour :
• comprendre des informations, des indications… ;
• reconnaître des situations de la vie quotidienne ;
• identifier…
  - les points essentiels d'une annonce ;
  - le sujet d'une discussion ;
  - un itinéraire ;
  - une action ;
  - une activité.

Comment faire ?

Pour les exercices vous aurez 25 minutes et vous devez :
• lire la consigne et les questions avant d'écouter les enregistrements ;
• ne pas essayer de comprendre chaque mot mais de saisir le sens général car il est important de trouver les informations qui vous permettent de répondre aux questions ;
• répondre, compléter ou corriger les réponses au cours de la deuxième écoute.

Pendant l'écoute, vous avez une pause variable selon l'exercice. Elle est plus longue quand on passe d'un exercice à l'autre. S'il vous manque une réponse, passez à la suivante, ne vous inquiétez pas. Rappelez-vous que vous avez une deuxième écoute qui vous permettra de répondre.
Une réponse manquante ne veut pas dire épreuve non passée.

Les questions proposées sont :
• à choix multiples ;
• des images ou dessins à choisir.

Compréhension de l'oral

Étape 1

1 🔊1 **Écoutez les expressions puis associez-les aux dessins.**

A ☐ B ☐ C ☐
D ☐ E ☐ F ☐

Conseils

Pour le premier exercice vous devez comprendre le lieu et l'action. Pour le lieu : le bruit de fond vous aide. Pour l'action, le ton, le mode verbal (présent de l'indicatif, infinitif ou impératif) et le lexique, vous guident vers l'action.

2 🔊2 **Écoutez les annonces puis associez le lieu à l'action.**

Lieu		Action
1 Gare	a	☐ rapporter
2 Aéroport	b	☐ descendre
3 Cinéma	c	☐ venir
4 Librairie	d	☐ s'embarquer
5 Supermarché	e	☐ acheter
6 Parfumerie	f	☐ éteindre

3 🔊3 **Écoutez les annonces et associez-les au lieu.**

Annonce	Lieu	
1	a	☐ Car
2	b	☐ Magasin
3	c	☐ Salon du livre
4	d	☐ Hôpital
5	e	☐ Magasin de disques
6	f	☐ Musée
7	g	☐ Théâtre
8	h	☐ Supermarché

4 🔊4 **Écoutez les expressions puis complétez le tableau avec le verbe.**

Annonce	Verbe
1	
2	
3	
4	
5	
6	
7	
8	

Anna Maria Crimi   Gisèle Agnello

NOUVEAU DELF ACTIF

SCOLAIRE ET JUNIOR

A2

PIERRE BORDAS ET FILS

ELi ÉDITIONS

Nouveau DELF ACTIF scolaire et junior A2

Auteurs : Anna Maria Crimi, Gisèle Agnello
Responsable éditoriale : Simona Franzoni
Coordination éditoriale : Wendy Saccard
Rédaction : Maria Dimarco
Direction artistique : Marco Mercatali
Conception graphique : Sergio Elisei
Mise en page : Davide Elisei, Tecnostampa Srl
Iconographie : Giorgia D'Angelo
Illustrations : Roberta Bordone
Responsable de production : Francesco Capitano
Couverture : Paola Lorenzetti

Les auteurs et l'éditeur adressent leurs plus vifs remerciements à Fabiola Brahimi, Lina Brugna, Luciana Giuliani, Ombretta Piana pour leur contribution fondamentale à la réussite de l'ouvrage.

© 2021 ELI S.r.l.
B.P. 6
62019 Recanati
Italie
Tél. +39 071 750701
info@elionline.com
www.elionline.com

Photos
Alamy : pp. 16, 17 (Marineland), p. 21 (ex. 7.4 : photo C) ; **© Chabe01 / Wikimedia Commons** : p. 8 (droite) ; **© Claude Truong-Ngoc / Wikimedia Commons - cc-by-sa-3.0** : p. 17 (Document 3 : photo A) ; ELI Archives : pp. 20 (ex. 6.2 : photo A, B, C), 22 (ex. 5 : photo B, C), 29 (dépliant voyage, affiche Le Malade Imaginaire), 40 (ex. 3, photo A, C), 41 (ex. 5 photo A), 42 (bas), 71 (planes), 84 (affiches), 89 (Joséphine, Liverpool Football Club), 124 (ex. 5 photo A), 133, 136 (ex. 6) ; **Shutterstock** : pp. 6, 8 (gauche), 9, 10, 11, 15, 17 (Document 1: photo A, B, C ; Document 3: photo B, C), 18, 19, 20 (photo ex. 5.1, 5.2, ex. 6.1 : photo A, B, C), 21 (ex. 7.3 : photo B, C ; ex. 7.4 : photo A, B ; ex. 8.1), 22 (ex. 4 ; ex. 5 : photo A), 23, 25, 29 (banque dépliant), 31, 33, 35, 37, 38, 39, 40 (ex. 1), 41 (ex. 4, ex. 5 photo B, C), 42 (haute), 44, 45, 46, 48, 50, 51, 53 (ex. 14, 15), 57, 60, 61, 62, 63 (photo ex. 14, 15), 66, 67, 68, 69, 70 (ex. 33 : Louvre, Tour Eiffel, bateau-mouche, Place de la Concorde, ex. 34), 71 (photo), 72, 73, 77, 80, 81, 82, 84 (haute), 85, 87, 89 (Suède, menu), 90, 91, 93, 94, 95, 96, 102, 103, 104, 113, 115, 117, 119, 121, 124 (ex. 4, ex. 5 photo B, C), 127, 136 (cartes), 137, 139, 144. **Sitographie** : bison-fute.gouv.fr : p. 12 ; darty.com : p. 29 (crêpière) ; fetedelamusique.culture.gouv.fr : p. 129 ; fr.canson.com : p. 21 (ex. 7.3 : photo A) ; neozone.org : p. 141 ; parigi.it (museedelaposte.fr): p. 49 ; regnodisney.it : p. 70 (ex. 33 : Disneyland) ; securite-routiere.gouv.fr : p. 107 ; vitry94.fr : p. 63 (photo ex. 16).

Les éditeurs sont à disposition des ayants droit qui n'ont pu être joints, malgré tous leurs efforts, pour les extraits d'oeuvres littéraires, les citations, les documents graphiques, cartographiques et photographiques reproduits dans le présent ouvrage ainsi que pour d'éventuelles omissions involontaires et/ou erreurs d'attribution dans les références. Les éditeurs inséreront les corrections éventuelles dans les prochaines éditions du volume. Tous droits réservés.
Toute forme de reproduction, de représentation et de transformation partielle ou intégrale de cet ouvrage est interdite sans l'autorisation de l'éditeur.

Achevé d'imprimer en Italie par Tecnostampa - Pigini Group Printing Division - Loreto, Trevi - Italia 21.83.149.0

ISBN 978-88-536-3299-9

Sommaire

Compréhension de l'oral p.5
- Étape 1 .... p. 6
- Étape 2 .... p. 12
- Étape 3 .... p. 18
- Étape 4 .... p. 24

Compréhension des écrits p.28
- Étape 1 .... p. 30
- Étape 2 .... p. 38
- Étape 3 .... p. 42
- Étape 4 .... p. 48

Production écrite p.52
- Étape 1 .... p. 54
- Étape 2 .... p. 58

Production orale p.74
- Entretien dirigé .... p. 75
- Monologue suivi .... p. 78
- Exercice en interaction .... p. 88

L'examen p.96

Épreuve 1 .... **p. 100**
- Compréhension de l'oral .... p. 100
- Compréhension des écrits .... p. 104
- Production écrite .... p. 108
- Production orale .... p. 110

Épreuve 2 .... **p. 112**
- Compréhension de l'oral .... p. 112
- Compréhension des écrits .... p. 116
- Production écrite .... p. 120
- Production orale .... p. 121

Épreuve 3 .... **p. 122**
- Compréhension de l'oral .... p. 122
- Compréhension des écrits .... p. 126
- Production écrite .... p. 130
- Production orale .... p. 132

Épreuve 4 .... **p. 134**
- Compréhension de l'oral .... p. 134
- Compréhension des écrits .... p. 138
- Production écrite .... p. 142
- Production orale .... p. 143
- La France administrative .... p. 144

Sommaire

Le saviez-vous ?

Les Offices de Tourisme .... p. 8	Le prospectus,
Les aéroports .... p. 11	qu'est-ce que c'est ? .... p. 29
Le transport ferroviaire .... p. 11	Le mode d'emploi,
Les gares ferroviaires .... p. 11	qu'est-ce que c'est ? .... p. 29
Bison Futé .... p. 12	Les gaufres .... p. 45
Le Tournoi de Roland-Garros .... p. 13	Les traditions et les fêtes .... p. 53
L'équipe de France .... p. 15	Le mail .... p. 58
La BD .... p. 16	Une petite révolution dans
Le parc Marineland .... p. 17	la tradition du nom paternel ! .... p. 77
Le VTT .... p. 19	Les familles en France .... p. 77
La chandeleur .... p. 20	Les bons plats du terroir .... p. 81
Nice .... p. 23	Le système scolaire en France .... p. 92
Un fait divers,	Les examens .... p. 92
qu'est-ce que c'est ? .... p. 29	L'enseignement primaire .... p. 92
	L'enseignement secondaire .... p. 92

Vocabulaire

Dans les transports en commun .... p. 7	L'animal de compagnie .... p. 80
Dans un magasin .... p. 8	Les animaux familiers .... p. 80
Pour parler des loisirs .... p. 56	Les boissons et les aliments .... p. 82
Pour apprécier un plat .... p. 56	Les sports .... p. 83
Les occasions d'invitation .... p. 62	Les loisirs .... p. 83
Pour décrire une personne .... p. 67	Les genres de films .... p. 84
Pour décrire un lieu .... p. 69	Les lieux de vacances .... p. 87
Pour décrire un logement .... p. 71	Les plats et les ingrédients .... p. 89
La famille .... p. 78	La chambre d'hôtel .... p. 91
Les qualités et défauts	Les cotillons .... p. 93
d'une personne .... p. 79	Les vêtements .... p. 94
Pour parler des loisirs .... p. 79	Les monuments .... p. 95

Fonctions communicatives

Pour exprimer des sentiments	Pour motiver un refus .... p. 66
positifs / négatifs .... p. 55	Pour décrire une personne .... p. 67
Pour donner son opinion	Pour décrire un lieu .... p. 69
positive / négative .... p. 57	Pour décrire un logement .... p. 71
Pour inviter .... p. 62	Pour féliciter / Pour consoler .... p. 72
Pour donner une réponse	Pour s'excuser .... p. 73
positive / négative .... p. 65	Pour inviter / accepter / refuser ... p. 88

Étape 1

Conseils

Les questions du premier exercice de l'examen portent aussi sur un choix de trois dessins.
Regardez bien ce qu'ils représentent avant toute réponse.

5 🔊5 **Vous écoutez six annonces. Pour chaque document associez le bon dessin.**

DOCUMENT 1
A ☐   B  ☐   C ☐

DOCUMENT 2
A ☐   B  ☐   C ☐

DOCUMENT 3
A ☐   B  ☐   C ☐

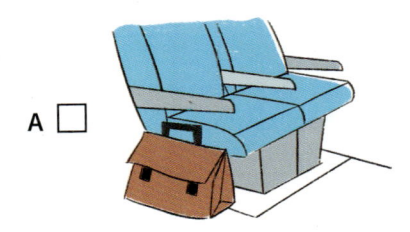

DOCUMENT 4
A ☐   B  ☐   C ☐

Vocabulaire

Dans les transports en commun

Descente : ce mot dérive du verbe « descendre ». C'est d'aller d'un lieu élevé vers un autre plus bas.
Empruntez : deuxième personne du mode impératif du verbe « emprunter ». Ce verbe est utilisé comme synonyme de « prendre » (prendre un chemin, une voie…).
Déplacer : mode infinitif qui indique qu'une personne quitte un endroit pour se rendre dans un autre. Dans ce cas « voyager ».
Conseiller : mode infinitif qui indique une personne qui donne des renseignements, des conseils à l'accueil d'une gare, à l'aéroport, à l'office de tourisme…

7

Compréhension de l'oral

DOCUMENT 5

A ☐   B ☐   C ☐

DOCUMENT 6

A ☐   B ☐   C ☐

Vocabulaire

Dans un magasin

Rayon : partie d'un magasin où sont regroupés et vendus les mêmes genres d'articles.
Rez-de-chaussée : étage d'un bâtiment qui est situé au niveau du sol ou de la rue.

Le saviez-vous ?

Les Offices de Tourisme

Les **Offices de Tourisme** sont des centres d'informations locales qui servent à orienter les visiteurs. Dans les Offices de Tourisme, les visiteurs sont conseillés sur les hébergements, la restauration, les loisirs, les visites culturelles, les visites guidées, les souvenirs, les produits du terroir…

Les Syndicats d'initiative

Il s'agit d'une structure associative, ayant pour but de développer l'accueil, l'information des touristes, l'animation et la promotion touristique d'une collectivité.

Étape 1

6 🔊6 **Vous écoutez des annonces publiques.**

DOCUMENT 1 Lisez la question. Écoutez le document puis répondez.

1 Que pouvez-vous faire dans l'espace de la presse ?
- A ☐ Emporter les journaux et les magazines.
- B ☐ Lire les journaux et les magazines.
- C ☐ Acheter les journaux et les magazines.

DOCUMENT 2 Lisez la question. Écoutez le document puis répondez.

2 Où devez-vous vous placer pour l'embarquement prioritaire ?

A ☐   B ☐   C ☐

DOCUMENT 3 Lisez la question. Écoutez le document puis répondez.

3 Qui peut se rendre au coin jeux vidéo ?

A ☐   B ☐   C ☐

DOCUMENT 4 Lisez la question. Écoutez le document puis répondez.

4 Qu'est-ce que vous devez faire avant de descendre du train ?
- A ☐ Vérifier votre billet.
- B ☐ Prendre tous vos bagages.
- C ☐ Attendre le contrôleur.

DOCUMENT 5 Lisez la question. Écoutez le document puis répondez.

5 Vous avez 14 ans : que devez-vous faire ?
- A ☐ Rentrer dans les chambres.
- B ☐ Attendre dans une salle d'attente.
- C ☐ Rester en dehors de l'hôpital.

DOCUMENT 6 Lisez la question. Écoutez le document puis répondez.

6 Comment pouvez-vous réserver ?

A ☐   B ☐   C ☐

Compréhension de l'oral

7 🔊7 **Vous écoutez des annonces publiques.**

DOCUMENT 1 Lisez la question. Écoutez le document puis répondez.

1 Qu'est-ce que vous ne pouvez pas faire ?

A ☐   B ☐   C ☐

DOCUMENT 2 Lisez la question. Écoutez le document puis répondez.

2 Que pouvez-vous faire ?
- A ☐ Enregistrer un film.
- B ☐ Regarder un film.
- C ☐ Faire un film.

DOCUMENT 3 Lisez la question. Écoutez le document puis répondez.

3 Que faut-il faire ?
- A ☐ Aller s'asseoir.
- B ☐ Aller aux toilettes.
- C ☐ Sortir de la salle.

DOCUMENT 4 Lisez la question. Écoutez le document puis répondez.

4 Pendant la phase d'atterrissage que devez-vous faire ?

A ☐   B ☐   C ☐

DOCUMENT 5 Lisez la question. Écoutez le document puis répondez.

5 Où allez-vous pour profiter des promotions ?

A ☐   B ☐   C ☐

DOCUMENT 6 Lisez la question. Écoutez le document puis répondez.

6 Où devez-vous aller ?
- A ☐ Dans un bureau de tabac.
- B ☐ Dans un magasin.
- C ☐ Dans une pharmacie.

Le saviez-vous ?

Les aéroports

En France presque chaque grande ville a son aéroport. À Paris il y a deux aéroports internationaux : Orly et Roissy-Charles de Gaulle.

L'**aéroport d'Orly** a deux aérogares : Orly-Sud pour les vols internationaux et les charters et Orly-Ouest pour les vols nationaux. Les deux aérogares sont reliées entre elles par un mini métro, Orlyval.

L'**aéroport Roissy-Charles de Gaulle** est le plus récent de la capitale. Il est accessible depuis la capitale en RER (Réseau Express Régional) mais il est aussi possible d'arriver directement à l'aéroport avec le TGV (Train à Grande Vitesse) sans passer par Paris. Près de Paris, à environ 70 kilomètres, des avions décollent de **Beauvais Tillé**, qui est l'aéroport des compagnies low cost. Dans le sud-est l'**aéroport Nice-Côte d'Azur** est l'aéroport qui dispose du plus grand nombre de vols longs courriers.

Le transport ferroviaire

La **SNCF** (Société Nationale des Chemins de Fer français) est la société qui s'occupe du **transport ferroviaire** en France. Elle existe depuis 1937 et fait circuler environ 15 000 trains par jour dans le pays. Pour voyager en train, on peut prendre le **TGV** (Train à Grande Vitesse) qui dessert les grandes villes. Ce train se déplace à environ 320 km/h. Il y a aussi des **trains directs** qui ne font pas d'arrêt entre les gares de départ et d'arrivée. Les **TER** (Trains Express Régionaux) assurent les liaisons locales ou régionales. L'**Eurostar**, train à grande vitesse, relie la France à l'Angleterre et emprunte l'**Eurotunnel** sous la Manche. Il fonctionne depuis 1994. Les **tarifs** de la SNCF varient en fonction des périodes de l'année, du choix des places et des réductions accordées aux seniors, aux familles, aux jeunes...

Les gares ferroviaires

À Paris, il y a plusieurs gares ferroviaires.
- La **gare de Lyon** est la plus grande gare parisienne. Elle assure la liaison vers le sud-est, la Suisse et l'Italie.
- La **gare de Paris-Bercy** est la gare des trains de nuit au départ ou en provenance d'Italie.
- La **gare du Nord** est la gare de départ de l'Eurostar qui relie Paris à Waterloo Station à Londres en trois heures. C'est de là aussi que partent et arrivent les trains pour les villes du nord de l'Europe.
- La **gare Saint-Lazare** est la gare qui dessert les trains pour la Normandie.
- La **gare d'Austerlitz** est reliée au sud-ouest, aux Pyrénées, à l'Espagne et au Portugal.
- La **gare de l'Est** dessert l'Allemagne, la Suisse, l'Autriche et les pays de l'Est.
- La **gare Montparnasse** met en communication le sud-ouest avec le TGV Atlantique.

Compréhension de l'oral

Étape 2

Conseils

Pour cette deuxième étape vous allez écouter une émission à la radio. Ce type d'enregistrement vous donne une information. Avant d'écouter l'enregistrement observez attentivement les dessins, lisez aussi les questions et repérez les éléments à retrouver dans les enregistrements.

1 🔊8 **Vous écoutez la radio.**

DOCUMENT 1 — Lisez la question. Écoutez le document puis répondez.

1. De quel problème parle le journaliste ?

   A ☐    B ☐    C ☐

DOCUMENT 2 — Lisez la question. Écoutez le document puis répondez.

2. De quelle activité parle-t-on ?

   A ☐    B ☐    C ☐

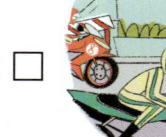

DOCUMENT 3 — Lisez la question. Écoutez le document puis répondez.

3. De quel phénomène s'agit-il ?

   A ☐    B ☐    C ☐

DOCUMENT 4 — Lisez la question. Écoutez le document puis répondez.

4. Que doit-on faire ?

   A ☐    B ☐    C ☐

Le saviez-vous ?

Bison Futé

En France, les prévisions de trafics et les difficultés de circulation sont données par **Bison Futé**. Il s'agit du nom de la mascotte de la *Direction des infrastructures de transport*. Bison futé utilise la couleur verte pour la circulation habituelle, orange pour la circulation difficile, rouge pour la circulation très difficile, noire pour la circulation extrêmement difficile.

Étape 2

DOCUMENT 5 — Lisez la question. Écoutez le document puis répondez.

5 De quel phénomène parle-t-on ?

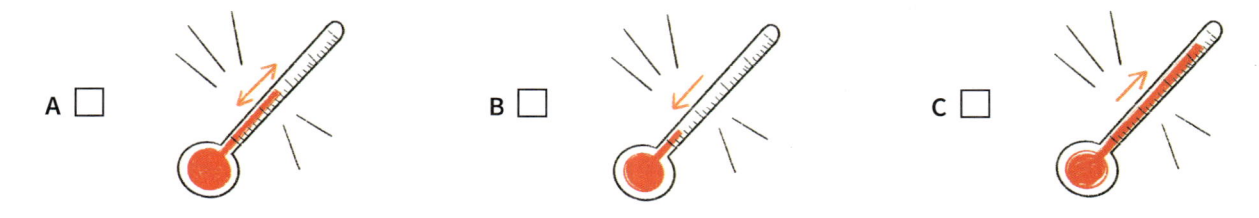

A ☐ B ☐ C ☐

DOCUMENT 6 — Lisez la question. Écoutez le document puis répondez.

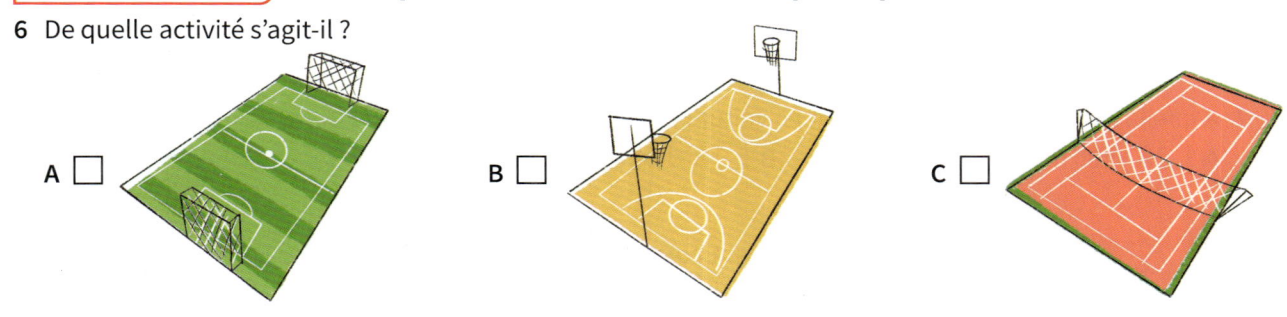

6 De quelle activité s'agit-il ?

A ☐ B ☐ C ☐

Le saviez-vous ?

Le Tournoi de Roland-Garros

Les **Internationaux de France**, ou **Tournoi de Roland-Garros**, est un tournoi de tennis sur terre battue créé en 1925 et qui se tient annuellement depuis 1928 à Paris, dans le stade Roland-Garros. Le nom de ce stade, qui se trouve à l'ouest de Paris, a été choisi en hommage au pionnier de l'aviation Roland-Garros décédé dans un combat aérien de la Première Guerre mondiale.
Le stade Roland-Garros contient 24 courts de tennis.

Compréhension de l'oral

2 🔊 **Écoutez une deuxième fois les émissions de l'exercice 1 et répondez aux questions.**

DOCUMENT 1 Lisez les questions. Écoutez le document puis répondez.

1 En quel mois y a-t-il ces difficultés ?
   - A ☐ En juillet.
   - B ☐ En juin.
   - C ☐ En août.

2 Quel conseil donne le journaliste ?
   - A ☐ De changer de parcours.
   - B ☐ D'être prudents.
   - C ☐ De ne pas partir.

DOCUMENT 2 Lisez les questions. Écoutez le document puis répondez.

1 Qui peuvent circuler ?
   - A ☐ Les cyclistes.
   - B ☐ Les piétons.
   - C ☐ Les voitures.

2 À quelle heure vous pouvez circuler en voiture ?
   - A ☐ À 6h00 du soir.
   - B ☐ À 7h00 du soir.
   - C ☐ À 8h00 du soir.

DOCUMENT 3 Lisez les questions. Écoutez le document puis répondez.

1 Vous pouvez assister…
   - A ☐ de vos balcons.
   - B ☐ de votre garage.
   - C ☐ de votre cave.

2 Ce phénomène est…
   - A ☐ le premier du mois.
   - B ☐ le dernier du mois.
   - C ☐ le dernier de l'année.

DOCUMENT 4 Lisez les questions. Écoutez le document puis répondez.

1 Quand doit-on changer l'heure ?
   - A ☐ Le matin du lundi.
   - B ☐ Le matin du samedi.
   - C ☐ La nuit du week-end.

2 Que peut-on faire ?
   - A ☐ Dormir plus le matin.
   - B ☐ Dormir moins le matin.
   - C ☐ Dormir autant qu'avant.

DOCUMENT 5 Lisez les questions. Écoutez le document puis répondez.

1 Le temps change…
   - A ☐ dans le sud.
   - B ☐ dans le nord.
   - C ☐ dans l'est.

2 Quand ce phénomène va-t-il se produire ?
   - A ☐ Dans 15 jours.
   - B ☐ Dimanche.
   - C ☐ Vendredi.

DOCUMENT 6 Lisez les questions. Écoutez le document puis répondez.

1 Le joueur Benoît Pivot…
   - A ☐ est un ex vainqueur.
   - B ☐ est un ex battu.
   - C ☐ est un nouveau participant.

2 Quelle est la nationalité de l'adversaire de Pivot ?
   - A ☐ Française.
   - B ☐ Australienne.
   - C ☐ Autrichienne.

Étape 2

3 🔊 10 **Vous écoutez la radio.**

DOCUMENT 1 — Lisez les questions. Écoutez le document puis répondez.

1 De quel produit parle-t-on ?

A ☐   B ☐   C ☐

2 Où peut-on écouter de la musique ?
- A ☐ Dans un lit.
- B ☐ Dans la voiture.
- C ☐ En mer.

DOCUMENT 2 — Lisez les questions. Écoutez le document puis répondez.

1 Ce moyen d'enseignement est…
- A ☐ révolutionnaire.
- B ☐ banal.
- C ☐ dépassé.

2 D'où travaille l'élève ?

A ☐   B ☐   C ☐

DOCUMENT 3 — Lisez les questions. Écoutez le document puis répondez.

1 Où va se disputer le match ?
- A ☐ À Paris.
- B ☐ À Saint-Étienne.
- C ☐ À Marseille.

2 Que veulent-ils remporter ?

A ☐   B ☐   C ☐

Le saviez-vous ?

L'équipe de France

L'**équipe de France** porte un maillot bleu avec un petit emblème représentant un coq. Les supporters de l'équipe de France ont l'habitude de l'encourager en appelant ses joueurs les Bleus et en entonnant : « Allez les bleus ! ».

Compréhension de l'oral

4 🔊 11 Vous écoutez la radio.

DOCUMENT 1 — Lisez les questions. Écoutez le document puis répondez.

1 Le journaliste informe d'un nombre de chiens…
   A ☐ malades.   B ☐ adoptés.   C ☐ achetés.

2 Avoir un chien, c'est…
   A ☐ du stress.   B ☐ de l'affection.   C ☐ de la solitude.

DOCUMENT 2 — Lisez les questions. Écoutez le document puis répondez.

1 Pour connaître l'histoire de Séville, vous devez aller…
   A ☐ (Espagne)   B ☐ (Palais des Expositions de Toulouse)   C ☐ (Palais du Cinéma)

2 L'évènement dure…
   A ☐ un mois.   B ☐ une semaine.   C ☐ une journée.

DOCUMENT 3 — Lisez les questions. Écoutez le document puis répondez.

1 Le salon est ouvert…
   A ☐ aux adultes.   B ☐ aux adolescents.   C ☐ à tous.

2 Combien de jours dure le salon ?
   A ☐ Une journée.   B ☐ Une semaine.   C ☐ Un mois.

Le saviez-vous ?

La BD

La **bande dessinée** (BD) est un art qui raconte une histoire accompagnée d'images. Au départ, les BD étaient souvent humoristiques ou satiriques et en noir et blanc. Les dialogues, courts, sont écrits dans des bulles.
À la fin du XIXe siècle, la France est à l'origine d'une presse spécialisée : on trouve de nombreux journaux illustrés pour les enfants. C'est alors que s'est développé cet art. On parle de « neuvième art ».
Les personnages des BD francophones sont nombreux et les plus connus viennent de Belgique, parmi lesquels Gaston Lagaffe, Lucky Luke, Les Schtroumpfs, Astérix et Obélix, Bécassine…

Étape 2

5 🔊 12 Vous écoutez la radio.

DOCUMENT 1 Lisez les questions. Écoutez le document puis répondez.

1 Qu'allez-vous voir ?

A ☐   B ☐   C ☐

2 Cette visite vous permet...
- A ☐ d'apprendre sur le monde marin.
- B ☐ d'acheter un poisson.
- C ☐ de manger du poisson.

DOCUMENT 2 Lisez les questions. Écoutez le document puis répondez.

1 Quand le match se joue-t-il ?
- A ☐ Tout de suite.
- B ☐ Ce soir.
- C ☐ Demain.

2 Quel type de match commente le journaliste ?
- A ☐ Un match de foot.
- B ☐ Un match de rugby.
- C ☐ Un match de tennis.

DOCUMENT 3 Lisez les questions. Écoutez le document puis répondez.

1 De quelle activité parle-t-on ?

A ☐   B ☐   C ☐

2 Combien de temps dure la vente ?
- A ☐ 5 jours.
- B ☐ 1 mois.
- C ☐ 15 jours.

Le saviez-vous ?

Le parc Marineland

Le **parc Marineland** est un parc animalier consacré aux animaux marins : orques, dauphins, otaries, requins, raies, tortues. On y trouve aussi des oiseaux et des animaux habitués aux milieux aquatiques comme les manchots et les ours polaires. Le parc est réputé pour ses spectacles et ses représentations, ses activités et animations pédagogiques.
Marineland se situe dans la ville d'Antibes, ville touristique de la Côte d'Azur. L'eau de la méditerranée alimente les bassins du parc. Le parc mène des actions pour la sauvegarde de l'environnement marin.

Compréhension de l'oral

Étape 3

Conseils

Dans cette étape on peut vous proposer des courts messages vocaux enregistrés sur un répondeur téléphonique.
En général la personne qui laisse le message se présente. Elle enregistre immédiatement le but de son appel.
Les numéros de téléphone se prononcent par groupes de deux.

1 🔊 13 Vous êtes Claire et vous écoutez ce message sur votre répondeur téléphonique. Lisez les questions, écoutez le document puis répondez.

1 Dans quel magasin allez-vous acheter le cadeau ?

A ☐   B ☐   C ☐

2 Vous avez rendez-vous…

A ☐   B ☐   C ☐

2 🔊 14 Vous êtes Benoît et vous écoutez ce message sur votre répondeur téléphonique. Lisez les questions, écoutez le document puis répondez.

1 Tu dois t'abonner…

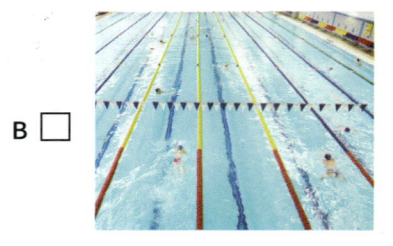

A ☐   B ☐   C ☐

2 À quelle heure est-il possible de s'inscrire ?

A ☐ Ouverture mercredi 14h00-17h00   B ☐ Ouverture lundi 14h00-17h00   C ☐ Ouverture mercredi 17h00-19h00

Conseils

Vous pouvez entendre l'heure de deux façons.
L'heure parlée : vous entendrez… *et demie, et quart, moins le quart, midi, minuit…*
L'heure officielle (trains, avions, programmes, ouverture ou fermeture de magasins…) : vous entendrez… *douze heures, treize heures quinze, quatorze heures trente, vingt-trois heures quarante-cinq, zéro heure…*

Étape 3

3 🔊 15 **Vous écoutez ce message sur votre répondeur téléphonique. Lisez les questions, écoutez le document puis répondez.**

1 Où allez-vous ?

A ☐   B ☐   C ☐

2 Quel moyen de locomotion utilisez-vous ?

A ☐   B ☐   C ☐

4 🔊 16 **Vous êtes Manu et vous écoutez ce message sur votre répondeur téléphonique. Lisez les questions, écoutez le document puis répondez.**

1 À quel spectacle Danielle ne peut pas assister ?

A ☐   B ☐   C ☐

2 Où doit se rendre Danielle avec sa mère ?

A ☐   B ☐   C ☐

Le saviez-vous ?

Le VTT

Le **vélo tout-terrain** (VTT) ou vélo de montagne ou vélo de randonnée sportive est un vélo qui facilite le déplacement sur des routes de campagne ou des terrains accidentés.

Compréhension de l'oral

5 🔊 17 **Vous êtes Léo et vous écoutez ce message sur votre répondeur téléphonique. Lisez les questions, écoutez le document puis répondez.**

1 Quel moyen devez-vous utiliser pour confirmer ?

A ☐   B ☐   C ☐

2 À quelle date a lieu la soirée ?

A ☐   B ☐   C ☐

6 🔊 18 **Vous êtes Carole et vous écoutez ce message sur votre répondeur téléphonique. Lisez les questions, écoutez le document puis répondez.**

1 Dans quel lieu vous allez faire les achats ?

A ☐   B ☐   C ☐

2 Quel survêtement intéresse votre amie ?

A ☐ 70€   B ☐ 60€   C ☐ 40€

Le saviez-vous ?

La chandeleur

La **chandeleur**, célébrée tous les ans le 2 février, est une fête religieuse et une fête gourmande avec la préparation des crêpes. Leur forme ronde rappellerait le disque solaire.
Ce jour-là, la consommation des crêpes annonce l'arrivée d'une saison nouvelle : le printemps.

Étape 3

7 🔊 19 **Vous écoutez ce message sur votre répondeur téléphonique. Lisez les questions, écoutez le document puis répondez.**

1. Quelle activité pratiques-tu ?
   - A ☐ Du dessin.
   - B ☐ De la musique.
   - C ☐ De la peinture.

2. Quand tu rentres tu dois…
   - A ☐ passer dans un magasin.
   - B ☐ téléphoner à un ami.
   - C ☐ aller chercher ton frère.

3. De quoi ton frère a-t-il besoin ?
   - A ☐
   - B ☐
   - C ☐

4. Tu dois passer aussi…
   - A ☐
   - B ☐
   - C ☐

5. La farine sert pour…
   - A ☐ des pizzas.
   - B ☐ des gâteaux.
   - C ☐ des crêpes.

6. Le pain est à…
   - A ☐ commander.
   - B ☐ emporter.
   - C ☐ payer.

8 🔊 20 **Vous écoutez ce message sur votre répondeur téléphonique. Lisez les questions, écoutez le document puis répondez.**

1. Que vous annonce le message ?
   - A ☐ Prochaine ouverture
   - B ☐ Fermé pour travaux
   - C ☐ Fermé pour maladie

2. Le magasin Marika vend des vêtements…
   - A ☐ pour hommes.
   - B ☐ pour enfants.
   - C ☐ pour femmes.

3. Les vêtements en vente sont pour…
   - A ☐ la demi-saison.
   - B ☐ l'été.
   - C ☐ l'hiver.

Compréhension de l'oral

4 Le cadeau est pour la clientèle informée…
- A ☐ par téléphone.
- B ☐ par publicité.
- C ☐ par mail.

5 Qu'offre-t-on aux clientes ?
- A ☐
- B ☐
- C ☐

6 La cliente paie l'achat…
- A ☐ avec une réduction.
- B ☐ en totalité.
- C ☐ à moitié.

Conseils

Pour comprendre si un article est moins cher on peut entendre :
en promotion ; *en solde* ; *10 %* = *moins dix pour cent* ; *une réduction* ; *une offre* ; *un cadeau* ; *offert, gratuit.*

9 🔊 21 Vous écoutez ce message sur votre répondeur téléphonique. Lisez les questions, écoutez le document puis répondez.

1 Sophie est…
- A ☐ directrice.
- B ☐ secrétaire.
- C ☐ stagiaire.

2 On vous offre…
- A ☐ un travail.
- B ☐ un stage.
- C ☐ un remplacement.

3 La durée est…
- A ☐ d'une semaine.
- B ☐ de trois mois.
- C ☐ d'un mois.

4 Comment devez-vous aller travailler ?
- A ☐
- B ☐
- C ☐

5 Sophie vous demande…
- A ☐
- B ☐
- C ☐

6 Que devez-vous faire d'urgence ?
- A ☐ Passer au bureau.
- B ☐ Appeler le bureau.
- C ☐ Écrire un mail.

Étape 3

10 🔊22 **Vous écoutez ce message sur votre répondeur téléphonique. Lisez les questions, écoutez le document puis répondez.**

1. La semaine prochaine tu dois…
   - A ☐ être libre.
   - B ☐ sortir avec tes amies.
   - C ☐ sortir avec ta mère.

2. De qui as-tu la visite ?
   - A ☐ De ta cousine.
   - B ☐ De ta tante.
   - C ☐ De ta grand-mère.

3. Qui va s'occuper des billets ?
   - A ☐ Ta mère.
   - B ☐ Ta grand-mère.
   - C ☐ Toi.

4. Qu'allez-vous visiter ?
   - A ☐
   - B ☐
   - C ☐

5. Vous allez à la plage…
   - A ☐ une journée.
   - B ☐ une semaine.
   - C ☐ deux fois.

6. Pour ton anniversaire tu vas recevoir…
   - A ☐
   - B ☐
   - C ☐

Le saviez-vous ?

Nice

Entre mer et montagne, **Nice** séduit pour son climat ensoleillé, ses belles plages, sa promenade des Anglais d'une longueur de 7 kilomètres et ses événements culturels.
Les temples du shopping à ciel ouvert se trouvent dans la zone piétonne, autour de la place Masséna, long de l'avenue Jean Médecin et ses rues transversales. Ces quartiers abritent les grands magasins emblématiques de Nice.
N'oubliez pas la visite du quartier du Vieux Nice qui est un quartier historique où vous découvrirez l'âme de Nice. Vous pourrez parcourir ses vieilles ruelles colorées et ses boutiques aux saveurs locales. Le marché du Cours Saleya y existe depuis 1816 : le Conseil National des Arts Culinaires l'a reconnu marché d'exception en France. Le Musée Matisse est à voir tout comme l'église Saint-Nicolas, une église orthodoxe russe qui est l'un des plus importants édifices de ce type en dehors de Russie et est classé monument historique. Du parc du Château une vue époustouflante sur une des baies les plus photographiées s'offre à vous.

Compréhension de l'oral

Étape 4

1 🔊 23 Vous allez écouter des expressions. Cochez pour associer chaque expression à la situation correspondante. Lisez les situations. Écoutez les expressions puis répondez.

	A Demander une information	B Accepter des excuses	C Inviter quelqu'un	D Demander un service
Expression 1	☐	☐	☐	☐
Expression 2	☐	☐	☐	☐
Expression 3	☐	☐	☐	☐
Expression 4	☐	☐	☐	☐

2 🔊 24 Vous allez écouter des expressions. Cochez pour associer chaque expression à la situation correspondante. Lisez les situations. Écoutez les expressions puis répondez.

	A Remercier quelqu'un	B Se renseigner sur les horaires	C S'informer sur les lieux	D Décrire quelqu'un
Expression 1	☐	☐	☐	☐
Expression 2	☐	☐	☐	☐
Expression 3	☐	☐	☐	☐
Expression 4	☐	☐	☐	☐

3 🔊 25 Vous allez écouter des expressions. Cochez pour associer chaque expression à la situation correspondante. Lisez les situations. Écoutez les expressions puis répondez.

	A S'informer sur les transports	B Commander quelque chose	C Interdire quelque chose	D S'informer sur un objet
Expression 1	☐	☐	☐	☐
Expression 2	☐	☐	☐	☐
Expression 3	☐	☐	☐	☐
Expression 4	☐	☐	☐	☐

4 🔊 26 Vous allez écouter des expressions. Cochez pour associer chaque expression à la situation correspondante. Lisez les situations. Écoutez les expressions puis répondez.

	A Refuser quelque chose	B Demander un prix	C Indiquer une direction	D Réserver quelque chose
Expression 1	☐	☐	☐	☐
Expression 2	☐	☐	☐	☐
Expression 3	☐	☐	☐	☐
Expression 4	☐	☐	☐	☐

Étape 4

5 🔊 27 Vous allez écouter des expressions. Cochez pour associer chaque expression à la situation correspondante. Attention : il y a 6 situations mais seulement 4 expressions.
Lisez les situations. Écoutez les expressions puis répondez.

	A Proposer quelque chose	B Se renseigner sur les horaires	C Commander quelque chose	D Se renseigner sur les transports	E Excuser quelqu'un	F Demander un service
Expression 1	☐	☐	☐	☐	☐	☐
Expression 2	☐	☐	☐	☐	☐	☐
Expression 3	☐	☐	☐	☐	☐	☐
Expression 4	☐	☐	☐	☐	☐	☐

6 🔊 28 Vous allez écouter des expressions. Cochez pour associer chaque expression à la situation correspondante. Attention : il y a 6 situations mais seulement 4 expressions.
Lisez les situations. Écoutez les expressions puis répondez.

	A S'infomer sur un objet	B Se renseigner sur les horaires	C Se renseigner sur un lieu	D Interdire de faire quelque chose	E S'informer sur les transports	F Inviter quelqu'un
Expression 1	☐	☐	☐	☐	☐	☐
Expression 2	☐	☐	☐	☐	☐	☐
Expression 3	☐	☐	☐	☐	☐	☐
Expression 4	☐	☐	☐	☐	☐	☐

7 🔊 29 Vous allez écouter des expressions. Cochez pour associer chaque expression à la situation correspondante. Attention : il y a 6 situations mais seulement 4 expressions.
Lisez les situations. Écoutez les expressions puis répondez.

	A Demander des informations sur le temps	B Accepter un rendez-vous	C Refuser un rendez-vous	D Demander l'avis de quelqu'un	E S'informer sur un lieu	F Demander un conseil à quelqu'un
Expression 1	☐	☐	☐	☐	☐	☐
Expression 2	☐	☐	☐	☐	☐	☐
Expression 3	☐	☐	☐	☐	☐	☐
Expression 4	☐	☐	☐	☐	☐	☐

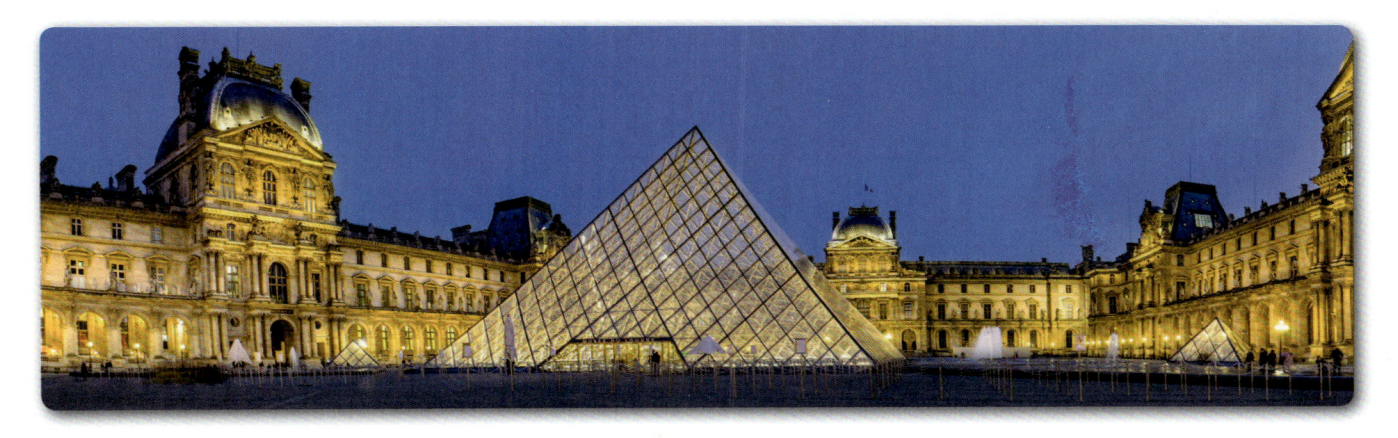

Compréhension de l'oral

Conseils

Pour le dernier exercice on vous propose 4 courts dialogues se déroulant dans le même lieu. Attention : vous devez vous concentrer sur le but de chaque dialogue.

8 🔊 30 Vous écoutez 4 dialogues. Cochez pour associer chaque dialogue à la situation correspondante. Attention : il y a 6 situations mais seulement 4 dialogues.
Lisez les situations. Écoutez les dialogues puis répondez.

	A Remercier quelqu'un	B Refuser quelque chose	C Inviter quelqu'un	D Commander quelque chose	E Se renseigner sur des horaires	F S'informer sur les transports
Dialogue 1	☐	☐	☐	☐	☐	☐
Dialogue 2	☐	☐	☐	☐	☐	☐
Dialogue 3	☐	☐	☐	☐	☐	☐
Dialogue 4	☐	☐	☐	☐	☐	☐

Vocabulaire

Pour inviter quelqu'un, vous pouvez entendre :
Ça te dit / Ça te dirait de…   Tu aimerais…   Tu acceptes de…
Tu as envie de…   On va à…   Tu es libre ce soir ?

9 🔊 31 Vous écoutez 4 dialogues. Cochez pour associer chaque dialogue à la situation correspondante. Attention : il y a 6 situations mais seulement 4 dialogues.
Lisez les situations. Écoutez les dialogues puis répondez.

	A Complimenter quelqu'un	B Demander un service	C Inviter quelqu'un	D Refuser quelque chose	E Demander l'heure	F Demander quelque chose
Dialogue 1	☐	☐	☐	☐	☐	☐
Dialogue 2	☐	☐	☐	☐	☐	☐
Dialogue 3	☐	☐	☐	☐	☐	☐
Dialogue 4	☐	☐	☐	☐	☐	☐

10 🔊 32 Vous écoutez 4 dialogues. Cochez pour associer chaque dialogue à la situation correspondante. Attention : il y a 6 situations mais seulement 4 dialogues.
Lisez les situations. Écoutez les dialogues puis répondez.

	A Demander des informations	B Se renseigner sur des horaires	C Commander quelque chose	D Inviter quelqu'un	E Refuser quelque chose	F Remercier quelqu'un
Dialogue 1	☐	☐	☐	☐	☐	☐
Dialogue 2	☐	☐	☐	☐	☐	☐
Dialogue 3	☐	☐	☐	☐	☐	☐
Dialogue 4	☐	☐	☐	☐	☐	☐

11 🔊33 Vous écoutez 4 dialogues. Cochez pour associer chaque dialogue à la situation correspondante. Attention : il y a 6 situations mais seulement 4 dialogues.
Lisez les situations. Écoutez les dialogues puis répondez.

	A Accepter des excuses	B Se renseigner	C Demander l'heure	D Demander un service	E Demander un prix	F Demander des informations
Dialogue 1	☐	☐	☐	☐	☐	☐
Dialogue 2	☐	☐	☐	☐	☐	☐
Dialogue 3	☐	☐	☐	☐	☐	☐
Dialogue 4	☐	☐	☐	☐	☐	☐

12 🔊34 Vous écoutez 4 dialogues. Cochez pour associer chaque dialogue à la situation correspondante. Attention : il y a 6 situations mais seulement 4 dialogues.
Lisez les situations. Écoutez les dialogues puis répondez.

	A Remercier quelqu'un	B S'informer sur les horaires	C Inviter quelqu'un	D Demander un prix	E S'informer sur un lieu	F Commander quelque chose
Dialogue 1	☐	☐	☐	☐	☐	☐
Dialogue 2	☐	☐	☐	☐	☐	☐
Dialogue 3	☐	☐	☐	☐	☐	☐
Dialogue 4	☐	☐	☐	☐	☐	☐

13 🔊35 Vous écoutez 4 dialogues. Cochez pour associer chaque dialogue à la situation correspondante. Attention : il y a 6 situations mais seulement 4 dialogues.
Lisez les situations. Écoutez les dialogues puis répondez.

	A Remercier quelqu'un	B S'informer sur le temps	C S'informer sur les transports	D Inviter quelqu'un	E S'informer sur les horaires	F Demander un service
Dialogue 1	☐	☐	☐	☐	☐	☐
Dialogue 2	☐	☐	☐	☐	☐	☐
Dialogue 3	☐	☐	☐	☐	☐	☐
Dialogue 4	☐	☐	☐	☐	☐	☐

Vocabulaire

Pour demander un service, vous pouvez entendre :
Vous voulez bien…
Vous pourriez…
Tu pourrais…
Tu peux…

Tu veux bien…
J'ai besoin de…
Aide-moi à…
Pardon, vous pouvez me dire…

Étape 4

Compréhension des écrits

Comment se présente l'épreuve ?

Dans cette partie de l'épreuve d'examen vous devez répondre à des questions portant sur 4 exercices.

L'exercice 1 propose (Étape 1) :
- **6 courts documents** comme annonces, menus, prospectus, horaires, extraits de catalogues…

L'exercice 2 propose (Étape 2) :
- **des lettres** standards, personnelles, faire-part…, simples et brèves.

L'exercice 3 propose (Étape 3) :
- **3 supports** parmi 1 règlement, 1 mode d'emploi, 1 recette de cuisine, 1 message personnel…

L'exercice 4 propose (Étape 4) :
- **1 support** plus long tel que lettres, brochures, articles de journaux (informatifs), affiches publicitaires, guides touristiques accompagnés d'une photo qui illustre le texte.

On vous demande de lire des textes pour :
- trouver un renseignement spécifique ;
- trouver une information pertinente ;
- localiser une information particulière dans une liste ;
- isoler une information recherchée ;
- comprendre une correspondance ;
- comprendre un règlement ;
- suivre des instructions ;
- suivre un mode d'emploi ;
- s'informer et discuter.

Comment faire ?

Pour les exercices vous aurez 30 minutes et vous devez :
- faire une première lecture pour trouver les informations essentielles ;
- lire les questions ;
- relire une deuxième fois le/les document(s) pour repérer les mots-clés ;
- répondre aux questions ;
- relire vos réponses.

Les questions proposées sont :
- à choix multiples, vous devez cocher la bonne réponse ;
- des images ou dessins à choisir ;
- le choix de la bonne situation dans un tableau.

Compréhension des écrits

Le saviez-vous ?

Un fait divers, qu'est-ce que c'est ?

Dans la rubrique « **Faits divers** » d'un journal, on trouve des **faits** qui racontent des événements de la vie quotidienne. On trouve ces articles dans la **presse régionale** ou **nationale**. Les faits racontés peuvent être dramatiques (accidents de voiture...), amusants (animal dans un lieu inhabituel...), tristes (catastrophes naturelles...), insolites (événement drôle, curieux...), comiques (événement rigolo...).

Trop d'Espagnols en Espagne : une touriste demande le remboursement de ses vacances

Un championnat du monde d'équitation sans cheval organisé en Vendée

Un cambrioleur réveille ses victimes pour leur demander le code Wifi

Strasbourg : un match de foot inter-quartier réunit 400 personnes malgré l'interdiction

Le prospectus, qu'est-ce que c'est ?

Le **prospectus** est un imprimé publicitaire, un dépliant, une brochure, une feuille destinée à publiciser un produit. Les prospectus s'adressent à des lecteurs pour susciter en eux un intérêt qui peut être :

- **touristique** : pour promouvoir un lieu, un monument, une fête, une croisière... ;
- **événementiel** : pour promouvoir un évènement... ;
- **de présentation** : pour présenter un produit, une entreprise, une banque, une association.

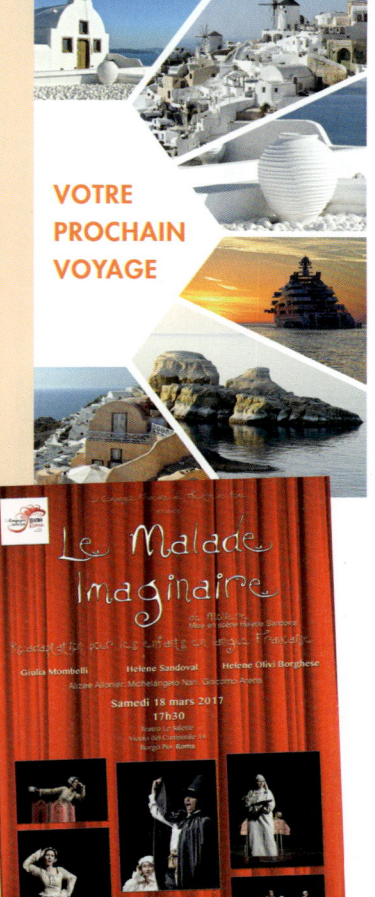

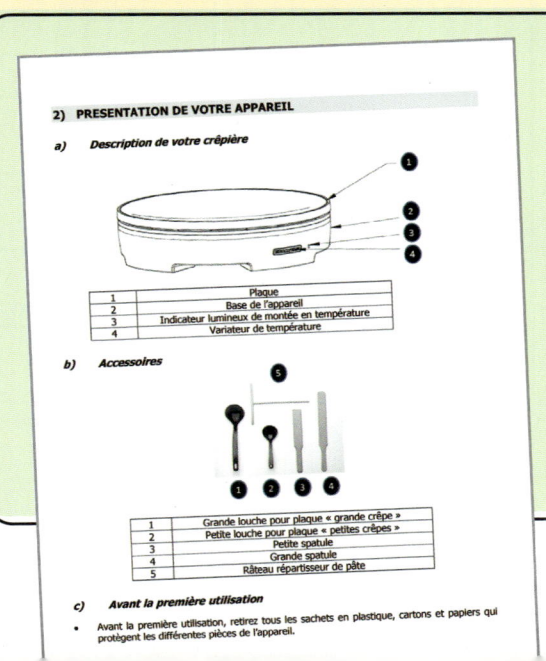

Le mode d'emploi, qu'est-ce que c'est ?

Le **mode d'emploi** est un document qui sert à expliquer le **fonctionnement** ou l'**utilisation d'un objet** ou d'un **service** fourni par l'objet. Par exemple un mode d'emploi pour monter un meuble, un jouet... Le mode d'emploi ou notice se trouve généralement à l'intérieur de la boîte contenant l'objet et il est fourni gracieusement mais peut se télécharger sur Internet.

Compréhension des écrits

Étape 1

Conseils

Pour cet exercice utilisez une lecture sélective pour repérer les éléments importants. Lisez d'abord les consignes pour connaître les tâches, puis les textes puor rechercher les informations pertinentes ; enfin regardez le tableau et mettez-le en relation avec les informations.

1 Vos amis cherchent des correspondants. Vous lisez ces annonces.

DOCUMENT 1

Victor, 12 ans, français originaire des Pyrénées, aime l'équitation et les BD. Il veut passer des vacances à la campagne pour pratiquer son sport.

DOCUMENT 2

Liam, 15 ans allemand, passionné de musique et de chansons, veut échanger et améliorer son français avec un passionné comme lui.

DOCUMENT 3

Cassandra, 18 ans, aime la langue française et découvrir de nouveaux paysages. Recherche correspondante pour échange culturel et visiter le Sud-Ouest.

DOCUMENT 4

Léna, 11 ans, de Moscou, très sportive, aime le ski et la gym. Cherche copine francophone, aimant la montagne, avec qui correspondre.

DOCUMENT 5

Marina, 16 ans, italienne, étudie le français. Elle veut devenir écrivaine et aime la lecture et la musique. Cherche correspondante pour échanger.

DOCUMENT 6

Mohamed, 17 ans, de Tunis, aime jouer au foot et le cyclisme. Veut organiser des échanges sportifs avec des copains francophones.

Quelle annonce peur intéresser vos amis francophones ? Attention : il y a 8 personnes mais seulement 6 documents (2 personnes ne sont associées à aucun document).
Cochez (✗) une seule case pour chaque document.

Personnes	Document 1	Document 2	Document 3	Document 4	Document 5	Document 6
A Timéo aime le vélo.	☐	☐	☐	☐	☐	☐
B Enzo écoute des chansons françaises.	☐	☐	☐	☐	☐	☐
C Ambre aime la langue espagnole.	☐	☐	☐	☐	☐	☐
D Robin possède un cheval.	☐	☐	☐	☐	☐	☐
E Nina pratique des sports d'hiver.	☐	☐	☐	☐	☐	☐
F Amir joue dans une équipe de basket.	☐	☐	☐	☐	☐	☐
G Adèle est passionnée de romans.	☐	☐	☐	☐	☐	☐
H Romane aime voyager.	☐	☐	☐	☐	☐	☐

Étape 1

2 Vos amis ont besoin d'aide. Vous lisez ces annonces sur le panneau d'affichage d'un lycée.

DOCUMENT 1

Chambre chez l'habitant

Tu veux te loger près du lycée ?
Appelle l'association parents d'élèves du lycée Nostradamus au 04 65 78 5.

DOCUMENT 2

Baby-sitting

Joana Billot, mère d'un enfant de 5 ans, cherche jeune lycéenne à Lille en semaine et week-end.
Contact : jbillot@gmail.com

DOCUMENT 3

Covoiturage de lycéens

De Rognac à Salon. Horaires adaptés à la classe de seconde du lycée européen. Deux places.
Nom : Ferrat, au 06 53 83 4.

DOCUMENT 4

Partenaire squash

Manon cherche partenaire débutant squash 1 ou 2 fois par semaine. Niveau débutant.
Salle Sport Club Tennis-Squash Salon.
Contact : mlaroche@orange.fr

DOCUMENT 5

Soutien scolaire

Français, italien sur skype. Professeur certifié Éducation Nationale, soutien scolaire régulier ou intensif. Du jeudi au samedi.
Contact : F.Adam, f.adam@neuf.fr

DOCUMENT 6

Atelier Théâtre

Veux-tu faire du théâtre ? Rejoins-nous le mercredi après-midi à partir du 25 octobre de 15h30 à 17h00.
Contact : latrappe@gmail.com

Quelle annonce peut intéresser vos amis ? Attention : il y a 8 personnes mais seulement 6 documents (2 personnes ne sont associées à aucun document).
Cochez (✗) une seule case pour chaque document.

Personnes	Document 1	Document 2	Document 3	Document 4	Document 5	Document 6
A Alice aime la gym.	☐	☐	☐	☐	☐	☐
B Marius ne veut pas être logé à l'internat.	☐	☐	☐	☐	☐	☐
C Capucine a de mauvaises notes.	☐	☐	☐	☐	☐	☐
D Augustin veut pratiquer un sport en débutant.	☐	☐	☐	☐	☐	☐
E Valentin veut devenir acteur de cinéma.	☐	☐	☐	☐	☐	☐
F Camille veut découvrir le plaisir du jeu théâtral.	☐	☐	☐	☐	☐	☐
G Jade adore les enfants.	☐	☐	☐	☐	☐	☐
H Margaux n'aime pas les transports en commun.	☐	☐	☐	☐	☐	☐

Compréhension des écrits

3 Votre famille a besoin d'aide. Vous lisez ces annonces.

DOCUMENT 1
Technicien en téléphonie mobile prend en charge la réparation de mobiles, smartphones, tablettes. Diagnostic immédiat de l'état de l'appareil et petit prix.

DOCUMENT 2
Cordonnier professionnel réparations et nettoyage de chaussures, de sacs, de bagages, d'articles en cuir, bottier… Travail rapide et de qualité.

DOCUMENT 3
Mécanicien cycle entretien, réparation de vélos, de trottinettes, de vélos de course, pliants de ville, électriques, de cross, VTT. Femme, homme, enfant.

DOCUMENT 4
Couturière change les fermetures éclair sur vêtements en tissus, en cuir, fait les ourlets invisibles, répare vêtements femme, homme, enfant.

DOCUMENT 5
Technicien de maintenance en informatique dépanne, assiste, conseille, forme à l'usage quotidien de l'ordinateur du client, même à son propre domicile.

DOCUMENT 6
Facteur de piano, réparation, restauration, accord de pianos et de tout instrument de musique de toutes marques et de tous âges.

Quelle annonce peut intéresser votre famille ? Attention : il y a 8 personnes mais seulement 6 documents (2 personnes ne sont associées à aucun document).
Cochez (✘) une seule case pour chaque document.

Personnes	Document 1	Document 2	Document 3	Document 4	Document 5	Document 6
A Julien veut faire repasser un vêtement.	☐	☐	☐	☐	☐	☐
B Aurélie doit faire réparer les talons de ses sandales.	☐	☐	☐	☐	☐	☐
C Arthur a un pantalon à raccourcir.	☐	☐	☐	☐	☐	☐
D Florent a une bicyclette à contrôler.	☐	☐	☐	☐	☐	☐
E Romain a une guitare à faire accorder.	☐	☐	☐	☐	☐	☐
F Sonia n'entend plus la sonnerie de son portable.	☐	☐	☐	☐	☐	☐
G Louis veut un mur bleu dans sa chambre.	☐	☐	☐	☐	☐	☐
H Juliette ne peut plus envoyer d'e-mail de son PC.	☐	☐	☐	☐	☐	☐

Étape 1

4 Vous voulez aider vos amis. Vous lisez ces annonces.

DOCUMENT 1
Vente de manuel
Classe 3ème, anglais pour le collège. Pelin éditeur – Vera Perez.
Téléphone : 06 56 78
Après 18h00 du lundi au samedi.

DOCUMENT 2
Vente vêtements
Lucie vend robes années 80 et blouson. Coupe droite, col à revers, manches longues. Bon état - Taille 40
Contact : l.moreau@gmail.com

DOCUMENT 3
Vente de VTT
Une bombe absolue : VTT semi rigide, aluminium noir, avec dérailleur, SHIMANO 24 vitesses. Prix raisonnable.
Léo, Tél : 06 45 87 9

DOCUMENT 4
Vente de PC
Je vends PC portable Compaq MSL G2, 17 pouces avec sac, 1 an de vie. Prix à débattre.
Julie : j.borlot@free.fr

DOCUMENT 5
Vente de trottinette
Électrique pliable, en acier, noire, moteur 250W vitesse maximale 25Km/h. 120 kg parfaite en ville pour adolescent.
Contact : m.lescure@orange.f

DOCUMENT 6
Vente de casque Bluetooth
Sans fil, réduction de bruit, 30h d'autonomie, recharge rapide. Connection à plusieurs sources en même temps.
Contact : p.fonseca@neuf.fr

Quelle annonce peut intéresser vos amis ? Attention : il y a 8 personnes mais seulement 6 documents (2 personnes ne sont associées à aucun document).
Cochez (✗) une seule case pour chaque document.

Personnes	Document 1	Document 2	Document 3	Document 4	Document 5	Document 6
A David cherche un moyen de locomotion urbain.	☐	☐	☐	☐	☐	☐
B Véronique aime les vêtements rétro.	☐	☐	☐	☐	☐	☐
C Béatrice veut écouter sa playlist à tout moment.	☐	☐	☐	☐	☐	☐
D Isabelle veut renouveler ses chemisiers.	☐	☐	☐	☐	☐	☐
E Quentin veut acheter une mobylette.	☐	☐	☐	☐	☐	☐
F Nelly veut réviser les langues étrangères.	☐	☐	☐	☐	☐	☐
G Lauriane doit suivre ses cours sur ordinateur.	☐	☐	☐	☐	☐	☐
H Benoît veut découvrir la campagne à bicyclette.	☐	☐	☐	☐	☐	☐

Compréhension des écrits

5 Un restaurant vous propose différents menus. Vous lisez ces menus.

DOCUMENT 1
MENU GASTRONOMIQUE
- Salade de chèvre chaud
- Tranche de thon rouge grillée
- Pommes de terre au four ail et romarin
- Coupe glacée maison

DOCUMENT 2
MENU MAISON
- Soupe à l'oignon avec croûtons
- Escalope de veau à la sauce normande
- Jardinière de petits légumes printaniers
- Fruit de saison

DOCUMENT 3
MENU DÉGUSTATION
- Terrine de campagne au foie gras
- Brochettes de poulet mariné au citron
- Gratin de chou-fleur
- Flan au chocolat

DOCUMENT 4
MENU DU JOUR
- Tomates, mozzarella et basilic
- Bœuf bourguignon recette grand-mère
- Salade d'aubergines grillées au four
- Coupe de fraises à la menthe

DOCUMENT 5
MENU FIXE
- Macédoine de légumes et œufs durs mayonnaise
- Filet de saumon à la crème fraîche
- Riz pilaf
- Salade de fruits

DOCUMENT 6
MENU ENFANTS
- Quiche provençale
- Escalope de dinde bio à la poêle
- Pâtes au beurre et au fromage
- Crêpes au chocolat

Quel menu peut intéresser vos amis ? Attention : il y a 8 personnes mais seulement 6 documents (2 personnes ne sont associées à aucun document).
Cochez (✗) une seule case pour chaque document.

Personnes	Document 1	Document 2	Document 3	Document 4	Document 5	Document 6
A Thomas adore le poisson et les glaces.	☐	☐	☐	☐	☐	☐
B Lucille a un petit appétit.	☐	☐	☐	☐	☐	☐
C Ludovic apprécie le poisson mais pas les pommes de terre.	☐	☐	☐	☐	☐	☐
D Anne préfère la viande mais n'aime ni la soupe ni le chocolat.	☐	☐	☐	☐	☐	☐
E Paul veut manger une pizza et un dessert.	☐	☐	☐	☐	☐	☐
F Christine raffole de pâté de foie.	☐	☐	☐	☐	☐	☐
G Évelyne aime beaucoup les fruits de mer.	☐	☐	☐	☐	☐	☐
H Frédéric est carnivore et laisse les gâteaux pour les fruits.	☐	☐	☐	☐	☐	☐

6 Vous voulez conseiller une visite à vos amis français. Vous lisez ces publicités.

DOCUMENT 1
UN CLUB NAUTIQUE

Ce centre dédié aux activités nautiques est spécialisé dans les cours de plongée, de navigation de catamarans et de voile.

DOCUMENT 2
Studio Academy

Venez passer après-midi ou soirées agréables. Initiez-vous à la danse contemporaine, salsa, latino-américaine, tango, valse... dans une ambiance joyeuse.

DOCUMENT 3
Bataille de fleurs

Spectacle unique au monde. Des jeunes filles costumées sont sur des chars fleuris et lancent des fleurs.

DOCUMENT 4
Musée Escoffier

Chez le créateur de la pêche Melba, vous trouvez des menus de repas célèbres et des documents de cet art.

DOCUMENT 5
PHARE

Au sommet d'une colline, il culmine à 103m d'altitude au-dessus de la mer. Il offre une vue imprenable pour vidéos ou photos.

DOCUMENT 6
Studio fragrances

Vous avez la magie de la création pour inventer votre propre parfum et l'emporter dans le flacon de votre choix.

Quel lieu va intéresser vos amis ? Attention : il y a 8 personnes mais seulement 6 documents (2 personnes ne sont associées à aucun document).
Cochez (✗) une seule case pour chaque document.

Personnes	Document 1	Document 2	Document 3	Document 4	Document 5	Document 6
A Victoria collectionne les essences.	☐	☐	☐	☐	☐	☐
B Richard aime les sports en plein air.	☐	☐	☐	☐	☐	☐
C Christophe veut être chef cuisinier.	☐	☐	☐	☐	☐	☐
D Inès cherche à photographier les paysages.	☐	☐	☐	☐	☐	☐
E Éthan veut être jardinier.	☐	☐	☐	☐	☐	☐
F Danièle aime la musique accompagnée du mouvement.	☐	☐	☐	☐	☐	☐
G Michel veut découvrir les fonds marins.	☐	☐	☐	☐	☐	☐
H Laure s'intéresse à l'art floral.	☐	☐	☐	☐	☐	☐

Compréhension des écrits

7 Vous voulez offrir un jeu à vos cousins et cousines. Vous lisez ces publicités.

DOCUMENT 1

Wingspan

Vous êtes des passionnés d'oiseaux. Vous cherchez à découvrir et à attirer les plus beaux spécimens. La partie se joue de 1 à 5 et dure 60 minutes.

DOCUMENT 2

Fin Finaud voyage

Fin Finaud fait le tour du monde ! Vous devez répondre à des questions sur les différents pays et le monde en général, découvrir les drapeaux et les capitales pour apprendre à les localiser.

DOCUMENT 3

Sherlock Holmes : meurtre de la Tamise

Très beau jeu grâce au matériel qui l'accompagne. Vous pouvez résoudre chaque enquête à l'aide de votre intuition.

DOCUMENT 4

Top Fantasy

Un beau jeu d'imitation et d'ambiance pour faire appel à la créativité et à l'imagination. Vous allez rire !

DOCUMENT 5

Trivial Pursuit Famille

Un jeu de culture générale qui se joue entre jeunes et moins jeunes. Une partie se joue en 30 minutes.

DOCUMENT 6

Scrabble

Un jeu de formation de mots pour élargir son vocabulaire. Il vous permet de travailler votre concentration et il plaît aux jeunes et aux adultes.

Quels jeux vont intéresser vos cousins et cousines ? Attention : il y a 8 personnes mais seulement 6 documents (2 personnes ne sont associées à aucun document).
Cochez (✗) une seule case pour chaque document.

Personnes	Document 1	Document 2	Document 3	Document 4	Document 5	Document 6
A Stéphane est inscrit à un concours d'imitation.	☐	☐	☐	☐	☐	☐
B Jérémy est passioné de quiz culturels.	☐	☐	☐	☐	☐	☐
C Paul doit apprendre à se concentrer.	☐	☐	☐	☐	☐	☐
D Martine s'intéresse aux oiseaux.	☐	☐	☐	☐	☐	☐
E Sophie aime les jeux de cartes traditionnels.	☐	☐	☐	☐	☐	☐
F Alexandre veut connaître de nombreux pays.	☐	☐	☐	☐	☐	☐
G Sébastien a la passion des enquêtes et des énigmes.	☐	☐	☐	☐	☐	☐
H Amandine est attirée par le domaine médical.	☐	☐	☐	☐	☐	☐

8 Vous voulez conseiller une visite à votre famille. Vous lisez ces prospectus.

DOCUMENT 1

Musée de Provence

L'histoire provençale à travers mobilier, céramiques, verreries, tissus et bijoux.
Les jeudi et vendredi de 14h30 à 16h.

DOCUMENT 2

Écomusé Vivant

Unique en son genre. Insectes et reptiles dans leur milieu naturel.
De 14h à 18h tous les jours.

DOCUMENT 3

La fondation Maeght

Important musée avec des peintures, sculptures, dessins, arts graphiques du XXe siècle.
Tous les jours de 10h à 19h.

DOCUMENT 4

Musée de la marine

Plusieurs siècles d'histoires navales à travers de nombreuses collections.
Vue sur la côte.
Tous les jours de 10h à 18h.

DOCUMENT 5

Musée Peynet

Le célèbre illustrateur avec ses « amoureux », vous invitent au rêve et à l'amour.
Tous les jours de 10h à 19h.

DOCUMENT 6

Musée du parfum

Collection de flacons, coffrets, alambics, matières premières et appareils relatant l'histoire de la parfumerie.
Tous les jours de 9h à 18h.

Quel musée va intéresser les membres de votre famille ? Attention : il y a 8 personnes mais seulement 6 documents (2 personnes ne sont associées à aucun document).
Cochez (✗) une seule case pour chaque document.

Personnes	Document 1	Document 2	Document 3	Document 4	Document 5	Document 6
A Émile est passionné de bateaux.	☐	☐	☐	☐	☐	☐
B Marie est romantique et sentimentale.	☐	☐	☐	☐	☐	☐
C Diane s'intéresse à l'histoire et aux traditions.	☐	☐	☐	☐	☐	☐
D Manuel est amateur de natation.	☐	☐	☐	☐	☐	☐
E Marianne fréquente l'école des Beaux-arts.	☐	☐	☐	☐	☐	☐
F Charlotte collectionne des eaux des toilettes.	☐	☐	☐	☐	☐	☐
G Olivier aime découvrir les mammifères aquatiques.	☐	☐	☐	☐	☐	☐
H Simon est attiré par les serpents.	☐	☐	☐	☐	☐	☐

Compréhension des écrits

Étape 2

1 Vous venez de recevoir ce message.

Nouveau message

Chers parents,
Nous vous invitons à la soirée de fin d'année scolaire de notre collège J. Prévert le samedi 28 juin à partir de 18h00 dans la salle de conférence du collège.

Programme
17h30 : exposition des travaux manuels des élèves de 6ème, 5ème, 4ème et 3ème ;
18h15 : spectacle des élèves de l'option théâtrale ;
19h00 : « Réussir son orientation au lycée », discussion animée par M. Leduc, psychologue et conseiller d'orientation et le docteur Loisel, médecin scolaire. Ils vont répondre à vos questions.
20h00 : repas (12€) dans la salle du restaurant scolaire.

Nous recherchons des parents pour préparer des costumes et décorer la salle de restauration.
Pour nous aider et/ou confirmer votre présence, contacter Mme Lacroix au 06 45 67, c.lacroix@neuf.fr avant le 10 juin.

Cordiales salutations.

Envoyer

Pour répondre aux questions, cochez (✗) la bonne réponse.

1 La soirée a lieu…
  A ☐ dans un collège.   B ☐ dans un lycée.   C ☐ à la fac.

2 Que pouvez-vous admirer ?
  A ☐   B ☐   C ☐

3 À quel type de spectacle vont assister les parents ?
  A ☐   B ☐   C ☐

4 Que pouvez-vous faire pendant la conférence ?
  A ☐ Poser des questions.   B ☐ Lire des poèmes.   C ☐ Jouer d'un instrument.

5 On recherche des parents pour…
  A ☐ préparer le repas.   B ☐ prendre les réservations.   C ☐ rendre plus beau le restaurant.

6 Si vous voulez participer à la soirée vous devez…
  A ☐ venir au secrétariat de l'école.   B ☐ écrire un mail au collège.   C ☐ acheter un billet.

2 Vous recevez cette lettre de la part de Camille.

> Chère Emma,
> J'ai une bonne nouvelle. Mes parents viennent d'acheter un chalet dans les Alpes.
> Dans ma famille, nous sommes tous des amateurs de ski en hiver, de champignons en automne et de randonnées toute l'année. La région peut nous offrir tout ça et nous sommes heureux.
> Le chalet se trouve dans un village pittoresque.
> Il est spacieux et il y a une chambre d'amis avec sa salle de bains.
> Veux-tu venir chez nous le 26 décembre, une semaine, pour faire du ski ?
> Nous pouvons organiser le 1er de l'an ensemble. Si tu veux, tu peux prendre en location des skis dans la station et prendre avec toi seulement une petite valise.
> Fais part de ma lettre à tes parents et confirme-moi ta venue. Je t'attends avec joie.
> Grosses bises.
> Camille

Pour répondre aux questions, cochez (✗) la bonne réponse.

1 Dans quel type de maison on vous invite ?

   A ☐   B ☐   C ☐

2 Camille et sa famille peuvent faire des activités…
   A ☐ seulement en hiver.   B ☐ seulement en automne.   C ☐ toute l'année.

3 Camille vous propose…
   A ☐ un lit dans une chambre individuelle.   B ☐ un lit dans le salon.   C ☐ un lit dans sa chambre.

4 À quel moment de l'année on vous invite ?

   A ☐   B ☐   C ☐

5 Pour pratiquer le sport on vous conseille…
   A ☐ d'acheter le matériel.   B ☐ de louer le matériel.   C ☐ d'apporter le matériel.

6 Vous devez demander l'autorisation…
   A ☐ à vos parents.   B ☐ aux parents de votre amie.   C ☐ à votre amie.

Compréhension des écrits

3 Vous venez de recevoir ce message.

> Monsieur le Directeur,
> Je viens de lire votre annonce dans le journal Toulouse-Infos du 14 mars. Je suis passionné de musique, et je fréquente la troisième année du conservatoire de ma ville. Avec cette lettre je pose ma candidature pour écrire des articles dans votre journal, sur la musique en général. J'ai des connaissances non seulement en musique classique mais je m'intéresse aussi à tous les genres de musique, surtout à la musique jazz. J'ai quinze ans et dans mon lycée je rédige des articles pour le journal. Les lycéens et les professeurs apprécient ces articles.
> Je suis disponible à travailler les mois de juillet et août gratuitement de chez moi avec mon ordinateur.
> Je me tiens à votre disposition pour un colloque et vous prie d'agréer, Monsieur le Directeur, mes salutations les meilleures.
> Clément Maurel

Pour répondre aux questions, cochez (X) la bonne réponse.

1 À quelle annonce fait référence le message?

A ☐ MAGAZINE POUR ADOLESCENTS — Recherche jeune rédacteur âge 13-16 ans connaissant bien un sujet en particulier (art, sport, ciné, musique) pour créer des articles. Écrire **Adosfree** 15, Boulevard Joffre - 31500 Toulouse

B ☐ MAGASIN DE MUSIQUE — Recherche jeune vendeur âge 14-16 ans connaissant bien la musique (pop, rap, variété, soul,...) pour donner des conseils. Écrire **Musicado** 8, Av. Foch - 31500 Toulouse

C ☐ MAGAZINE SPORTIF — Recherche jeune rédacteur âge 14-16 ans connaissant bien le foot, le tennis et le rugby pour créer des articles. Écrire **Magsport** 18, Av. des Tilleuls - 31500 Toulouse

2 Clément veut travailler pour…
 A ☐ un magazine. B ☐ un lycée. C ☐ un conservatoire.

3 Il propose d'écrire des articles sur…
 A ☐ (J. Prévert - Les poèmes) B ☐ (La Joconde) C ☐ (La Marseillaise)

4 Il fait partie de l'équipe…
 A ☐ d'un journal musical. B ☐ du journal de son lycée. C ☐ du journal de sa ville.

5 Il peut travailler pendant…
 A ☐ les grandes vacances. B ☐ les vacances d'hiver. C ☐ les vacances de printemps.

6 Il est disponible à…
 A ☐ vous rencontrer. B ☐ vous téléphoner. C ☐ vous écrire.

Étape 2

4 Vous venez de recevoir ce message.

Messieurs,

Je suis un élève de 4ᵉ et je dois préparer un exposé pour mon professeur d'arts plastiques, sur votre région, ses traditions et en particulier sur la ville de Bourges.

Votre ville m'intéresse particulièrement parce que je peux la visiter pour aller avec ma famille admirer les châteaux de la Loire. Nous pensons séjourner deux jours pour visiter les monuments. De plus, nous avons besoin de la liste des producteurs de fromages de la région.

Ma mère, passionnée de jardins, veut admirer les fleurs du jardin des Prés Fichaux.

Y a-t-il des prix pour les billets d'entrée dans ces lieux ?

Pourriez-vous m'envoyer gratuitement du matériel (prospectus, plan…) pour approfondir, illustrer mon travail et organiser mon séjour ?

En vous remerciant en avance, je vous prie d'agréer, Messieurs, mes meilleures salutations.

Nicolas Billot

Pour répondre aux questions, cochez (✗) la bonne réponse.

1 Nicolas doit préparer un exposé sur…
   A ☐ sa ville.   B ☐ une fromagerie.   C ☐ la ville de Bourges.

2 Nicolas doit partir avec…
   A ☐ son professeur d'arts plastiques.   B ☐ sa famille.   C ☐ sa classe.

3 Il désire connaître les noms…
   A ☐ des supermarchés.   B ☐ des épiceries.   C ☐ des fromageries.

4 Sa mère s'intéresse à…
   A ☐   B ☐   C ☐

5 Nicolas demande l'envoi de…
   A ☐   B ☐   C ☐

6 Le matériel…
   A ☐ doit être offert.   B ☐ doit être acheté.   C ☐ doit être téléchargé.

Compréhension des écrits

Étape 3

1 Vous allez visiter un parc avec votre classe. Vous lisez ces documents. Pour répondre aux questions, cochez (✗) la bonne réponse.

DOCUMENT 1

Informations aux visiteurs

Pour une expédition dans le parc, vous devez signaler votre arrivée et votre départ. Tous les déchets doivent être remportés. Les feux de camp sont interdits. Il est défendu de cueillir des fleurs et de toucher aux plantes. Vous ne devez pas déranger ni chasser les animaux. Vous devez vous munir d'un permis pour pêcher dans le parc. Radio, sifflets et bruits de tous genres sont interdits.

1 Quand vous arrivez, que devez-vous faire en premier ?
- A ☐ Avertir de votre présence.
- B ☐ Acheter des billets.
- C ☐ Téléphoner pour réserver.

2 Pour prendre des poissons vous devez avoir…
- A ☐ un passeport.
- B ☐ une autorisation.
- C ☐ une carte d'identité.

DOCUMENT 2

Règles de sécurité dans l'autobus scolaire

Dans le bus
- Prendre place rapidement.
- Rester assis et calme.
- Ne pas déranger le conducteur.
- Ne pas manger ni boire.
- Ne pas crier.
- Garder la tête et les bras à l'intérieur de l'autobus.
- Ne pas laisser vos sacs dans l'allée.
- Laisser les objets dans votre sac.
- Garder son sac sur soi.
- Ne rien lancer, ni à l'intérieur ni à l'extérieur de l'autobus.

3 Quand vous montez dans le bus, que devez-vous faire en premier ?
- A ☐ Mettre le sac près de la sortie.
- B ☐ Aller vous asseoir.
- C ☐ Manger un sandwich.

4 Où devez-vous mettre votre sac ?
- A ☐ Sur vos genoux.
- B ☐ Dans l'allée de l'autobus.
- C ☐ Près du chauffeur.

Étape 3

2 Vous faites un stage dans un café. Vous lisez ces documents.
Pour répondre aux questions, cochez (✗) la bonne réponse.

DOCUMENT 1

Tenue de service

Pour commencer le service :
- Mettre un pantalon noir, un gilet noir sur une chemise à manches longues impérativement blanche avec une cravate noire.
- Porter un tablier blanc fourni par notre café, impeccable à tous moments.
- Chausser des chaussures de sécurité fournies.

Une armoire métallique est à votre disposition dans la pièce réservée au personnel. Vous rangez vos affaires personnelles dans cette armoire.

1 Quand vous commencez le service vous devez…
 A ☐ mettre des chaussures de sécurité.
 B ☐ garder votre jean.
 C ☐ porter un t-shirt blanc.

2 Vous rangez vos affaires personnelles…
 A ☐ dans le hall d'entrée.
 B ☐ dans une salle réservée.
 C ☐ derrière le comptoir.

DOCUMENT 2

Rôle du garçon de café en terrasse

Vous devez :
- accueillir le client et l'installer ;
- savoir manipuler la tablette pour prendre la commande ;
- transmettre les commandes au bar ;
- servir les consommations demandées ;
- encaisser le montant des consommations ;
- rapporter la monnaie au client ;
- débarrasser les tables ;
- nettoyer les tables et le sol ;
- mettre la terrasse en ordre à la fin du service ;
- apprendre à faire le café.

3 Vous devez prendre la commande…
 A ☐ sur un carnet.
 B ☐ à l'aide d'une tablette.
 C ☐ sur votre téléphone.

4 Vous devez laver…
 A ☐ les tasses et les verres.
 B ☐ le sol.
 C ☐ les vitres.

Compréhension des écrits

3 Vous êtes chez vous. Vous devez utiliser ces appareils. Vous lisez ces documents.
Pour répondre aux questions, cochez (X) la bonne réponse.

DOCUMENT 1

Orthorapid : corrige et trouve les orthographes, trouve les conjugaisons.

Pour activer le programme :
1 téléchargez et lancez le programme ;
2 cliquez sur exécuter ;
3 installez-le ;
4 tapez le mot comme vous savez l'écrire.

Pour corriger ou contrôler les orthographes appuyez sur ENTRER.

Si l'orthographe est correcte, « mot correct » apparaît. Si elle est incorrecte vous devez :
1 taper de nouveau le mot ;
2 appuyer sur ENTRER.

1 Pour utiliser le programme vous devez…
   A ☐ sélectionner « exécuter ».   B ☐ taper le programme.   C ☐ appuyer sur programme.

2 Pour vérifier l'orthographe du mot vous devez…
   A ☐ appuyer sur MOT CORRECT.   B ☐ cliquer sur ENTRER.   C ☐ écrire encore RÉPÉTER LE MOT.

DOCUMENT 2

Mode d'emploi : appareil pour presser les agrumes

- Placer l'appareil sur une surface plane et horizontale.
- Mettre un récipient sous le bec verseur.
- Couper le fruit horizontalement.
- Placer le centre du fruit sur le centre du pressoir.
- Pousser le fruit contre le pressoir suffisamment fort.
- Quand vous voyez la partie blanche du fruit, retirez le reste du fruit.
- Verser le jus du récipient dans un verre.
- Nettoyer le pressoir.

3 Ce document vous permet de faire…
   A ☐ des jus d'agrumes.   B ☐ des jus de pommes.   C ☐ des jus de grenades.

4 Pour réussir votre jus, il ne faut pas…
   A ☐ nettoyer la machine.   B ☐ presser la partie blanche.   C ☐ couper les fruits.

Étape 3

DOCUMENT 3

Mode d'emploi : machine pour faire les gaufres.

Mélanger dans un saladier la farine, les œufs, le sucre et le beurre fondu.

Ajouter le liquide (lait et eau) petit à petit jusqu'à la consistance désirée.

Faire chauffer la machine.

Déposer une grosse cuillère de pâte sur les plaques de cuisson de la machine.

Fermer la machine et laisser cuire quelques minutes avant de démouler les douceurs.

5 Ce document vous propose de faire…

A ☐ des pâtes. B ☐ des gâteaux. C ☐ des pizzas.

6 Pour cuire les gaufres, vous devez…

A ☐ mettre la pâte sur les plaques chaudes. B ☐ verser la pâte dans la machine froide. C ☐ mettre la pâte dans la saladier.

Le saviez-vous ?

Les gaufres

Les **gaufres**, c'est l'histoire d'une saveur sucrée qui a traversé les siècles. C'est une spécialité du Nord de la France, appréciée dans toutes les régions et partagée avec la Belgique.
Les gaufres ont fait leur apparition dès le Moyen Âge, vendues dans les petits commerces de rue. À la Renaissance, on les trouve principalement chez les paysans dont les plus aisés ajoutaient à la préparation du sucre, des jaunes d'œufs et un vin aromatisé. Aujourd'hui, chacun a sa recette et est sensible au goût qui lui rappelle son enfance et les préfère légères, croustillantes ou moelleuses.

Compréhension des écrits

4 Vous devez inviter des amis. Vous lisez ces recettes.
Pour répondre aux questions, cochez (✘) la bonne réponse.

DOCUMENT 1

Les pâtes au saumon fumé

Ingrédients
- 250 gr de tagliatelles
- 2 tranches de saumon
- 20 cl de crème
- persil
- sel et poivre

Préparation

Cuire les pâtes dans l'eau salée et bouillante.
Couper les tranches de saumon en petits morceaux.
Mélanger la crème, le poivre, le sel, le persil coupé fin. Ajouter les morceaux de saumon.
Chauffer un petit moment. Une fois les pâtes cuites, mélanger à la crème et déguster !

1 Que devez-vous couper en morceaux ?
- A ☐ Le persil.
- B ☐ Le saumon.
- C ☐ Les tagliatelles.

2 Le mélange à ajouter aux pâtes doit être…
- A ☐ froid.
- B ☐ chaud.
- C ☐ glacé.

DOCUMENT 2

Omelette de pommes de terre

Ingrédients
- 4 pommes de terre
- 4 œufs
- 3 cuillères de crème fraîche
- 3 cuillères d'huile d'olive
- sel et poivre

Préparation

Couper les pommes de terre en rondelles.
Chauffer l'huile d'olive dans une poêle.
Faire dorer les pommes de terre, saler et poivrer.
Cuire les pommes de terre et verser dessus les œufs battus avec la crème.
Faire cuire 2 minutes. Retourner l'omelette. Servez chaud !

1 Les pommes de terre doivent être cuites…
- A ☐ dans de l'eau.
- B ☐ avec de l'huile.
- C ☐ avec du beurre.

2 Les œufs doivent être…
- A ☐ battus.
- B ☐ montés en neige.
- C ☐ brouillés.

Étape 3

5 Vous êtes chez vous. Vous lisez ces messages.
Pour répondre aux questions, cochez (✘) la bonne réponse.

DOCUMENT 1

Nathalie,

Tu viens de recevoir un portable et comme j'ai l'habitude, je te donne des instructions sur son usage.

La nuit, évite de dormir avec le portable allumé sous l'oreiller !

Évite de le porter dans la poche de ton vêtement !

Envoie des messages pour coller le moins possible l'appareil à l'oreille !

Utilise le haut-parleur pour limiter les ondes !

Un portable, c'est super mais soyons prudents !

Amicalement,

Romain

1 Au lit le portable doit être…
  A ☐ sur toi.
  B ☐ à côté de toi.
  C ☐ loin de toi.

2 Pour ne pas l'avoir toujours à l'oreille…
  A ☐ il faut envoyer des messages.
  B ☐ il faut éloigner le portable.
  C ☐ il faut éteindre le portable.

DOCUMENT 2

Nathalie,

J'arrive en retard, merci de mettre la table vers 12h00.

La nappe est dans le deuxième tiroir. Sors du frigo le poulet et la salade.

Prépare les fraises !

Lave-les bien !

Mets un jus de citron et deux, trois cuillères de sucre !

Dépose le plat dans le frigo !

J'apporte des biscuits.

Ah ! J'oublie, va à la boulangerie prendre une baguette !

Bisous,

Maman

1 Tu dois mettre la salade de fraises…
  A ☐ dans le frigidaire.
  B ☐ sur la table.
  C ☐ dans le tiroir.

2 Tu dois…
  A ☐ laver la salade.
  B ☐ faire un achat.
  C ☐ cuire le poulet.

Compréhension des écrits

Étape 4

Conseils

Pour cet exercice, lisez une première fois le texte et trouver les informations essentielles pour dégager le thème principal. Lisez les questions, repérez les informations dans le texte pour une compréhension détaillée et répondez aux questions.

1 Vous lisez cet article de journal.

Choco story Colmar

Pour une aventure passionnante à travers les temps rentrez dans l'univers fabuleux du chocolat. Vous pensez déjà tout savoir ?

Le musée Gourmand du chocolat à Colmar, c'est 4 000 ans d'histoire du chocolat, 1 000 pièces de collection authentiques, 500 kg de sculptures en chocolat, des démonstrations organisées par des chocolatiers tout au long de la journée pour petits et grands et un parcours pédagogique pour les plus jeunes.

Fabrice Stijnen, le directeur du musée de Colmar, travaille depuis 10 ans pour la famille Van Belle, créatrice déjà de 8 musées du chocolat. Aujourd'hui l'envie est venue de partager le côté historique du chocolat.

Plein tarif : 12 euros
Entrée adulte : 15 euros avec chocolat chaud
Entrée adulte : 24 euros avec chocolat chaud et sachet de chocolats
Entrée gratuite pour enfant de moins de 6 ans avec chocolat chaud
Horaires d'ouverture – 10h-18h (dernière entrée à 17h)

Pour répondre aux questions, cochez (✗) la bonne réponse.

1. Cet article parle…
   - A ☐ d'une fabrique de chocolat.
   - B ☐ d'une pâtisserie-chocolaterie.
   - C ☐ d'un musée.

2. Des démonstrations sont organisées par…
   - A ☐ des chocolatiers.
   - B ☐ le directeur.
   - C ☐ une créatrice.

3. Ce lieu est réservé aux enfants. ☐ Vrai ☐ Faux

4. L'histoire du chocolat a 1000 ans. ☐ Vrai ☐ Faux

5. La famille Van Belle est la créatrice…
   - A ☐ de plusieurs musées.
   - B ☐ de 500 kg de sculptures en chocolat.
   - C ☐ de 1 000 pièces de collection.

6. Le prix d'entrée varie selon si on fait la visite…
   - A ☐ et on boit du chocolat.
   - B ☐ et on achète une sculpture.
   - C ☐ et on achète une pièce de collection.

2 Vous êtes à l'office du tourisme. Vous lisez ce prospectus.

Six siècles d'histoire de la Poste à Paris

Installées dans un bâtiment de 7 étages pour une surface totale de 5 000 m² au cœur du quartier de Montparnasse, depuis un demi-siècle, les collections racontent une histoire, non seulement d'une entreprise mais de la France au quotidien.

Ce musée insolite résume l'histoire de la Poste.
On découvre de nombreux objets comme des boîtes aux lettres, des timbres, mais aussi les premiers téléphones qui vont amuser les plus jeunes.

Rendez-vous pour une visite guidée, des conférences et des expositions temporaires programmées à découvrir sur le site www.laposte.fr.

Accueil dans un musée entièrement rénové.
Gratuit aux moins de 18 ans.
De 11h à 18h sauf le mardi et en nocturne jusqu'à 21h le jeudi.
Pas de cafétéria ni de restaurant.

D'après www.laposte.fr

Pour répondre aux questions, cochez (✗) la bonne réponse.

1 Le prospectus parle…
   A ☐ d'un quartier.   B ☐ d'un musée.   C ☐ d'une exposition.

2 L'histoire de la poste remonte à 600 ans.   ☐ Vrai   ☐ Faux

3 Dans ce lieu vous pouvez…
   A ☐ téléphoner avec les premiers téléphones.   B ☐ apprécier l'évolution de la poste.   C ☐ poster des lettres.

4 Les conférences ont lieu…
   A ☐ tous les jours.   B ☐ selon des dates fixées.   C ☐ seulement le mardi.

5 Ce lieu vient d'être…
   A ☐ refait à neuf.   B ☐ déplacé.   C ☐ abandonné.

6 Vous ne pouvez pas aller au musée le dimanche.   ☐ Vrai   ☐ Faux

Compréhension des écrits

3 Vous lisez cet article de journal.

Les cigognes en Alsace

Les cigognes sont un symbole fort du patrimoine culturel alsacien.
Qui ne connaît pas cet oiseau migrateur ? Symbole de fertilité, selon la légende c'est la cigogne qui apporte les bébés. Elle annonce les beaux jours et fait le bonheur des touristes. Elle revient en Alsace au moment du printemps vers le mois de mars.

Les cigognes réintroduites dans la région sont un succès auprès des visiteurs. La croyance populaire leur attribue le don de porter bonheur aux habitants de la maison choisie pour faire son nid. Toutefois les propriétaires ne pensent pas toujours qu'il s'agit d'un vrai bonheur. Un nid arrive à peser plusieurs centaines de kilos et peut poser un problème pour la résistance de la cheminée ou du toit.
Et les nids sont protégés, comme l'oiseau, donc il faut demander une autorisation auprès des services de l'État pour le remplacer, sous peine d'amende.

Pour répondre aux questions, cochez (✗) la bonne réponse.

1 Cet article parle…
  A ☐ d'une espèce d'oiseaux.
  B ☐ d'un type de nid.
  C ☐ d'une légende.

2 Vous pouvez revoir les cigognes en automne. ☐ Vrai ☐ Faux

3 Qui apprécient les cigognes ?
  A ☐ Les propriétaires des maisons avec des nids.
  B ☐ Les touristes.
  C ☐ Les nouveaux-nés.

4 Les nids peuvent…
  A ☐ être détruits.
  B ☐ rendre les toits plus beaux.
  C ☐ créer des problèmes aux constructions.

5 Les cigognes sont…
  A ☐ protégées.
  B ☐ chassées.
  C ☐ annoncées.

Étape 4

4 Vous lisez ce prospectus.

Biarritz, le bien-être au Pays Basque

Entre mer et montagne, Biarritz attire le visiteur pour ses nombreux attraits : longues plages (6 km), vagues puissantes, architecture, gastronomie, climat doux toute l'année et deux sports vedette, le surf et le golf. En 1957, les habitants de Biarritz découvrent avec stupeur un homme « debout sur une vague ». Il s'agit de Peter Vizeil, un acteur de cinéma américain en tournage dans la région. Ainsi est né le surf en Europe. Le patrimoine architectural de Biarritz témoigne deux siècles d'histoire : église orthodoxe, chapelle byzantine, villa médiévale, style art déco du casino municipal…
D'abord port de pêche, Biarritz séduit plus tard Napoléon III. Point de départ de nombreuses randonnées vers le Pays Basque, Biarritz offre une étonnante diversité de paysages naturels en passant par le magnifique littoral.
Venez nombreux dans cette station balnéaire accueillante !

Pour répondre aux questions, cochez (✗) la bonne réponse.

1 Le touriste est attiré à Biarritz par ses…
   A ☐ plages.　　　B ☐ montagnes.　　　C ☐ fleuves.

2 Biarritz connaît un climat annuel…
   A ☐ froid.　　　B ☐ ni froid ni chaud.　　　C ☐ chaud.

3 Un des sports principaux pratiqués dans cette station balnéaire est…
   A ☐ un sport aquatique.　　　B ☐ un sport aérien.　　　C ☐ un sport de glace.

4 C'est Napoléon III qui a lancé le surf.　　　☐ Vrai　　　☐ Faux

5 Les paysages de Biarritz sont…
   A ☐ diversifiés.　　　B ☐ monotones.　　　C ☐ uniformes.

51

Production écrite

Comment se présente l'épreuve ?

Cette partie de l'épreuve d'examen vous demande deux activités écrites.
Le **1er exercice** porte sur la description **(Étape 1)**.
Le **2e exercice** porte sur l'interaction écrite **(Étape 2)**.

On vous demande de rédiger :
- une page d'un journal intime ;
- un court article de journal ;
- une réponse à un forum ;
- un courriel.

On vous demande de :
- décrire un événement ;
- raconter une expérience personnelle ;
- donner votre opinion sur un sujet ;
- inviter quelqu'un ;
- répondre à une invitation ;
- décrire une personne ou un lieu ;
- féliciter quelqu'un ;
- consoler quelqu'un ;
- présenter ses excuses ;
- écrire une carte d'invitation.

Comment faire ?

Pour les deux activités, vous aurez 45 minutes et vous devez :
- lire attentivement les consignes ;
- comprendre la situation ;
- respecter le nombre de mots demandés ;
- surveiller le temps à disposition.

Avant de rendre la copie, relisez votre production et vérifiez :
- d'avoir respecté la consigne ;
- d'avoir donné toutes les informations demandées ;
- d'avoir respecté la longueur du texte. Pour chacune des deux épreuves on vous demande environ 60 mots, alors comptez le nombre de mots et n'écrivez pas trop ni trop peu ;
- la grammaire et le lexique ;
- vos dernières corrections.

L'évaluation porte sur :
- le respect de la tâche ;
- le lexique et l'orthographe lexicale ;
- la morphosyntaxe et l'orthographe grammaticale ;
- la cohérence et la cohésion ;
- la capacité d'adapter votre texte à la situation demandée.

Production écrite

Le saviez-vous ?

En France, on profite des jours de fête pour se retrouver en famille et partager des moments festifs autour d'une table garnie et/ou de gâteaux traditionnels.

Les traditions et les fêtes

- Le **Jour de l'An** on se souhaite la bonne année. On s'embrasse sous une branche de gui. Les jeunes reçoivent des étrennes.

- Pour l'**Épiphanie** et pendant tout le mois de janvier, on mange la galette des rois. Le roi ou la reine est celui ou celle qui trouve la fève cachée dans sa part de gâteau.

- Le 2 février, c'est la **Chandeleur**. On fait sauter les crêpes surtout pour cette occasion.

- Le 4 février, les amoureux fêtent la **Saint Valentin**. Ils s'échangent des cadeaux.

- Le jour de **Pâques**, les enfants participent à la chasse aux œufs. Ils cherchent ce que les « cloches » leur ont apporté : lapins, poules, poissons, œufs, ou tout autre sujet en chocolat.

- Pour le premier mai, la **fête du travail**, on offre du muguet. Cette fleur est un symbole de porte-bonheur.

- Le 21 juin, c'est la **fête de la musique**. Des groupes musicaux peuvent jouer d'un instrument librement et partout.

- Le 14 juillet, c'est l'anniversaire de la prise de la Bastille, la **fête nationale**. On peut danser gratuitement sur les places publiques et on assiste à des défilés militaires le soir et à des feux d'artifice.

- On rend hommage aux défunts le 1er novembre, jour de la **Toussaint**.

- Pour **Noël** on décore un sapin et certains font une crèche. On attend le passage du Père Noël. On mange un gâteau traditionnel qui est la bûche de Noël.

Production écrite

Étape 1

Dans ces pages, les exercices proposés portent sur des typologies de textes (journal intime, forum ou article de journal) que vous pourrez avoir à écrire.

1 Complétez cette page de journal intime avec les verbes donnés.

rentre • habille • prends • arrive • vais • déjeune • coiffe • ai

Cher journal,
Quand je (1) _____ au collège mon réveil sonne à 6h00. Je fais ma toilette, je m' (2) _____ et je me (3) _____. À 7h15, je (4) _____ mon petit déjeuner. À 8h00, j' (5) _____ au collège, j' (6) _____ cours jusqu'à 13h00 avec une récréation d'un quart d'heure. À 13h00, je (7) _____ à la cantine du collège. L'après-midi, j'ai cours de 14h00 à 16h30 et enfin je (8) _____ à la maison. Quelle journée !

2 Lisez ce message laissé sur un forum et répondez aux questions.

Sujet :
Les fêtes d'anniversaire dans votre pays

Bonjour à tous,
Dans mon pays, les jeunes font la fête pour leur anniversaire. Ils invitent leurs amis et des membres de leur famille. Ils organisent un buffet ou simplement un gâteau avec des bougies à partager avec tous les invités. On s'offre des cadeaux et on finit la soirée avec de la musique, des danses ou des jeux. Moi, je préfère inviter mes amis dans une pizzeria, c'est plus sympa !

Carola

1 Quelle formule d'appel utilise Carola ?
_____
2 Que font les jeunes ?
_____
3 Qui invitent-ils ?
_____
4 Qu'organisent-ils ?
_____
5 Que leur offre-t-on ?
_____
6 Comment finit la soirée ?
_____
7 Quelle est l'opinion de Carola ?
_____

3 Lisez cet article d'un journal du collège. Retrouvez les différentes parties.

Les élèves de 4ème au théâtre

Le 28 mai les élèves de 4e du collège Jacques Prévert assistent à un spectacle au théâtre municipal. Le titre de la comédie : *L'enfance de Monsieur Pulot* de Olivier Roland. La comédie raconte l'histoire d'un enfant qui pose beaucoup de questions drôles, même banales mais qui font réfléchir. Voici l'avis d'un élève : « J'ai beaucoup aimé ce spectacle curieux parce que les comédiens font participer les spectateurs. »

Titre	
Description	
Opinion	

Étape 1

> **Conseils**
>
> Le journal intime est un écrit rédigé quotidiennement. Il est daté avec le jour et parfois l'heure. On y écrit ce que l'on a fait, ses problèmes, ses amours, ses aventures. On utilise le pronom « je ». Le langage est plus familier que dans un forum. Dans un journal intime on expose ses sentiments. La formule d'appel peut être facultative.
> Si on en utilise une, on peut mettre : « Cher journal ». On termine son écrit avec une formule de conclusion :
> « À demain ! », « Je dois te quitter. », « Quelle journée ! », « Bonne nuit ! »

4 Retrouvez l'ordre logique de cette page d'un journal intime. Faites attention aux connecteurs temporels surlignés qui indiquent la progression dans le temps.

- ☐ Ensuite, je rentre dans un musée.
- ☐ Quand je sors, je cherche une brasserie.
- ☐ Je vais arriver à l'aéroport à 10 heures.
- ☐ J'imagine ma journée de demain.
- ☐ Enfin, je rentre et mon lit est le bienvenu.
- ☐ D'abord, je prends un bus pour aller à l'auberge de la jeunesse.
- ☐ Cher journal. C'est ma dernière soirée avant mon départ.
- ☐ À l'auberge, on me donne la clé de ma chambre et je range mes affaires.
- ☐ À demain.
- ☐ Puis je sors pour visiter la ville. Je découvre le quartier avec ses monuments.

Fonctions communicatives

Pour exprimer des sentiments positifs	Pour exprimer des sentiments négatifs
Je suis émerveillé(e), content(e), joyeux(euse), heureux (heureuse), enthousiaste.	Je suis triste, déçu(e), en colère, énervé(e), inquiet (inquiète).

5 Vous êtes dans un centre de langue. Vous écrivez une page de votre journal pour raconter l'emploi du temps d'une journée inhabituelle. (60 mots minimum)
Suivez le plan proposé.

- Dire pourquoi il s'agit d'une journée inhabituelle.
- Parler des activités faites selon les différents moments de la journée.
- Exprimer vos sentiments.

6 Vous êtes à Paris avec des amis. Rapportez dans votre journal intime les activités de votre séjour. (60 mots minimum)

Production écrite

Conseils

Un forum est un espace de discussion écrite où on échange des réflexions, des débats, des idées ou des expériences. Il y a une formule d'appel pour s'adresser aux lecteurs (exemple : « Bonjour à tous », « Bonjour », « Cher(s) lecteur(s) »…). On commence l'écrit en se référant au sujet du forum. On développe ses idées. On donne son point de vue et on conclut avec une formule de politesse.

7 Lisez ce message sur un forum et soulignez les verbes qui expriment le point de vue.

> Sujet :
> **Les loisirs chez les ados**
> Publié le 10/10
> Cora
>
> Bonjour à tous,
> Dans mon pays, les jeunes passent leur temps libre de façon différente. Il y a des jeunes qui aiment pratiquer un sport et qui pensent que le foot c'est super ! Il y a des adolescents qui disent que la lecture c'est nul ! Les filles préfèrent regarder les vitrines des magasins parce qu'elles s'intéressent à la mode et pour elles, sortir avec leurs amies c'est fantastique.
> Moi, j'aime le sport mais j'adore aussi jouer d'un instrument de musique.
> Cora

Vocabulaire

Pour parler des loisirs	Pour apprécier un plat
Naviguer sur Internet. Aller à la patinoire. Aller au cinéma. Lire un roman. Lire des magazines / des BD. Lire. Regarder des DVD / la télé. Écouter la radio / de la musique. Jouer aux jeux-vidéo. Sortir avec les copains. Faire du sport / la cuisine. Jouer de la guitare / du piano / de la flûte. Danser. Voyager. Dessiner.	Sucré, salé, acide, amer, aigre, fondant, tendre, sec, bon, très bon, délicieux, savoureux, excellent, particulier, léger, gras, lourd, épicé, mauvais, goûteux, particulier, typique, régional…

8 Vous participez à un forum en français sur le thème « Quel plat représente ton pays ». Vous parlez de ce plat et vous donnez votre opinion. (60 mots minimum)
Suivez le plan proposé.

- Nommer ce plat.
- Donner des précisions sur ce plat.
- Dire quand on le mange.
- Dire si on aime ou on n'aime pas ce plat.

9 Vous participez à un forum sur Internet sur le thème des loisirs chez les ados. Vous dites quels sont les loisirs des jeunes dans votre pays et vous donnez vos impressions. (60 mots minimum)

Étape 1

Conseils

Dans un article on raconte une expérience personnelle ou non, on donne une information ou on décrit quelque chose.
On commence par une introduction en reprenant le thème proposé, puis on le développe et on conclut en donnant son opinion.

10 Lisez cet article et soulignez tous les adjectifs se rapportant au champs lexical de la ville.

Mon voyage de classe à la découverte de la capitale française.

Paris, quelle ville splendide ! La Tour Eiffel est majestueuse, et de son sommet on découvre une capitale grandiose, même si chaotique, le Centre Pompidou est moderne, le quartier de La Défense futuriste et la Cathédrale Notre-Dame un chef d'œuvre gothique. Le quartier latin est un quartier très animé et cosmopolite. Il y a aussi de nombreux musées de tout genre à visiter et de belles promenades à faire le long de la Seine ou des Champs Élysées.

Paris vous attend vous aussi !

Fonctions communicatives

Pour donner son opinion positive :	Pour donner son opinion négative :
• Ça me plaît ! • C'est super / amusant / magnifique / formidable ! • C'est bien organisé / c'est bien pensé ! • Je trouve que c'est un jour inoubliable ! • Selon moi, c'est une belle expérience !	• Ça ne me plaît pas du tout ! • C'est banal / mauvais / nul ! • Je le trouve complexe ! • À mon avis, c'est triste !

11 Vous écrivez un article pour décrire le dernier jour d'école dans votre pays. (60 mots minimum) Suivez le plan proposé.

- Annoncer le sujet de l'article.
- Présenter le programme de la journée.
- Parler des activités proposées.
- Donner votre impression.

_____
_____
_____
_____

12 Vous écrivez un article pour un collège français qui vous demande de parler du système scolaire de votre pays. Vous soulignez un aspect positif. (60 mots minimum)

_____
_____
_____
_____

Production écrite

Étape 2

Dans ces pages, les exercices proposés sont des typologies d'épreuve qui portent sur l'interaction écrite.

1 Lisez le mail ci-dessous.

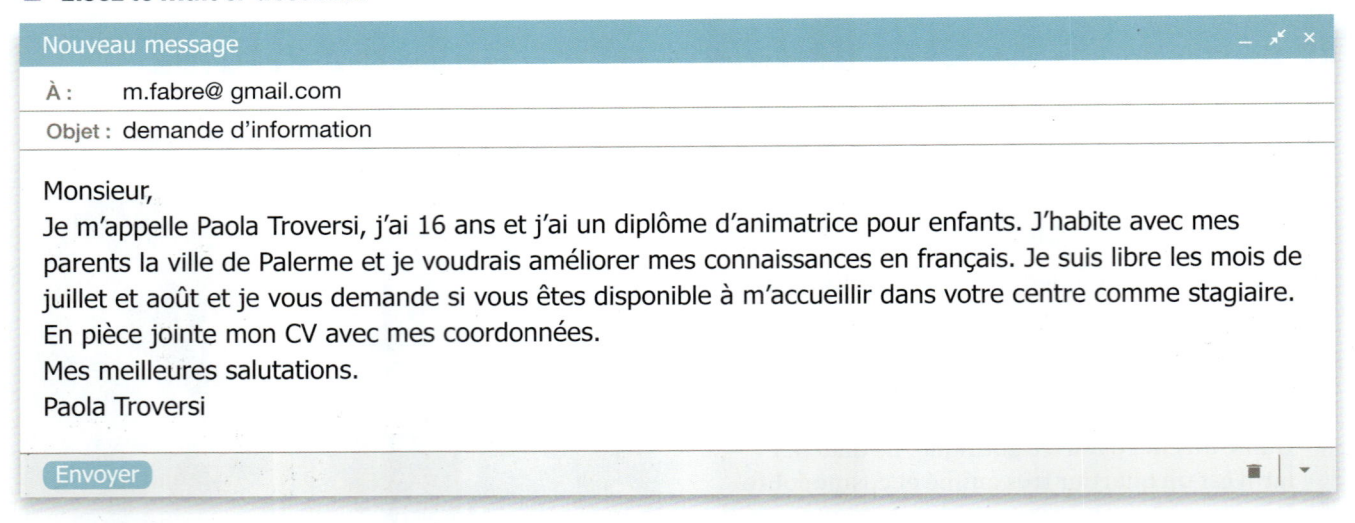

Nouveau message

À : m.fabre@gmail.com
Objet : demande d'information

Monsieur,
Je m'appelle Paola Troversi, j'ai 16 ans et j'ai un diplôme d'animatrice pour enfants. J'habite avec mes parents la ville de Palerme et je voudrais améliorer mes connaissances en français. Je suis libre les mois de juillet et août et je vous demande si vous êtes disponible à m'accueillir dans votre centre comme stagiaire. En pièce jointe mon CV avec mes coordonnées.
Mes meilleures salutations.
Paola Troversi

Envoyer

Répondez aux questions suivantes.

1 Qui est l'auteur du message ? _____
2 Quel âge a-t-il ? _____
3 Que diplôme possède-t-il ? _____
4 Où habite-t-il ? _____
5 Que demande-t-il et pourquoi ? _____
6 Qu'envoie-t-il en pièce jointe ? _____

Le saviez-vous ?

La mail

Votre **mail** doit toujours commencer par une formule d'appel qui peut être semblable à celle d'une lettre *(Cher/Chère, Chers/Chères ; Mon cher/Ma chère, Salut + prénom, bonjour...)*. La formule choisie sera suivie d'une virgule. Ensuite aller à la ligne et commercer votre écrit par une majuscule. Le corps du mail peut être divisé en paragraphes. Pour terminer, on utilise une formule de salutations *(à bientôt, amicalement, amitiés, bises, bisous, tchao, je t'/vous embrasse etc.)* suivie du prénom ou du prénom et du nom de celui qui écrit.

2 Lisez le mail ci-dessous.

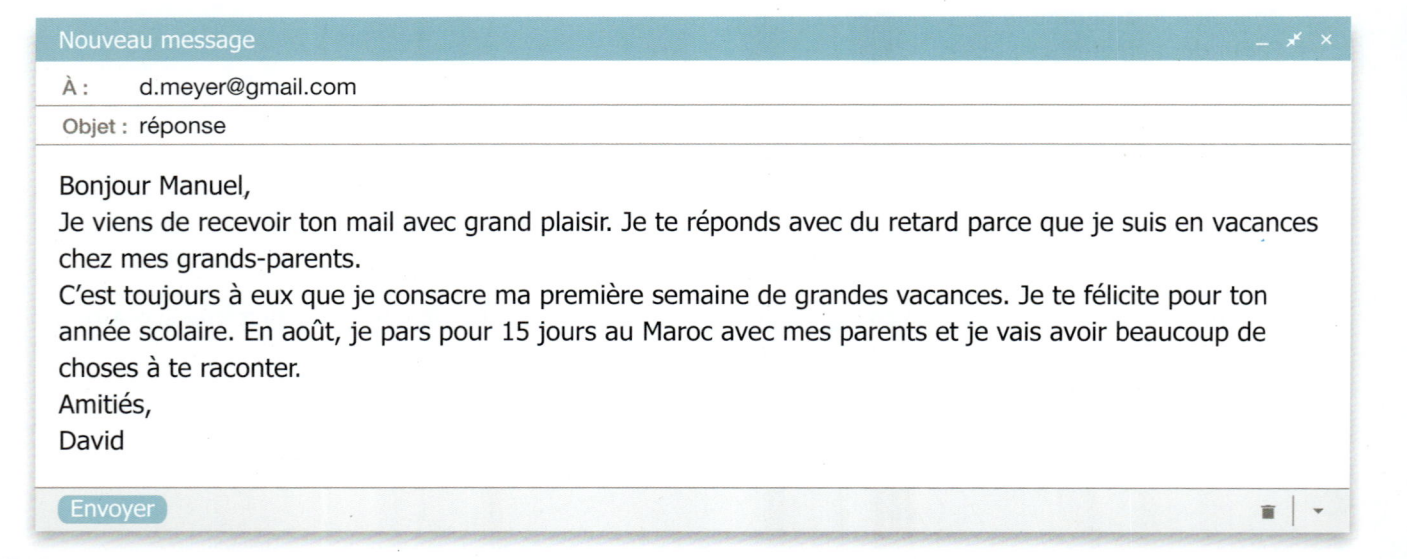

Nouveau message

À : d.meyer@gmail.com
Objet : réponse

Bonjour Manuel,
Je viens de recevoir ton mail avec grand plaisir. Je te réponds avec du retard parce que je suis en vacances chez mes grands-parents.
C'est toujours à eux que je consacre ma première semaine de grandes vacances. Je te félicite pour ton année scolaire. En août, je pars pour 15 jours au Maroc avec mes parents et je vais avoir beaucoup de choses à te raconter.
Amitiés,
David

Envoyer

Étape 2

Retrouvez les expressions utilisées pour :
1 la formule d'appel : _____
2 le corps du mail : _____
3 la formule de congé : _____
4 la signature de l'expéditeur : _____

3 Retrouvez l'ordre logique de ces formules de conclusion.
1 très – d'autres – pour – bientôt – nouvelles – À.
2 tarde – Il – de – me – revoir – te.
3 te – J'espère – bientôt – rencontrer.
4 plus – le – Réponds-moi – possible – vite.
5 au plus – une – J'attends – vite – réponse.
6 par – donne-moi – Alors – réponse – une – mail.
7 et – les – Bisous – pour – à bientôt – commentaires.
8 nouvelles – hâte – J'ai – recevoir – de – tes – de.
9 que – J'espère – va – ton – de – tout – bien – côté.
10 confirmer – de – Merci – me – participation – ta.

4 Complétez ce mail avec les mots donnés.

promenades • campagne • frère • réponse • famille • week-end • lac • vélo

---

Nouveau message

Salut Hélène,
Comment tu vas? Que fais-tu le (1) _____ du 1er mai ? Avec ma (2) _____,
nous allons dans notre maison de (3) _____, il y a de la place pour toi, tu veux venir ?
C'est une période super pour faire des (4) _____ au bord du (5) _____.
Mon (6) _____ ne vient pas et il y a un (7) _____ pour toi.
J'attends ta (8) _____ positive bien sûr !
Amitiés,
Valentine

Envoyer

---

5 Retrouvez l'ordre logique de ce mail.
☐ Je viens de recevoir un appel de Léo.
☐ et il doit finir ces dernières années de collège à Mexico.
☐ Cher Fabrice,
☐ Toi, peux-tu te charger avec Caroline de la fête et du cadeau ?
☐ Comment ça va ?
☐ Il va partir dans un mois.
☐ Que penses-tu d'organiser une fête?
☐ Son père va travailler au Mexique
☐ Moi, je me charge de la musique et d'inviter les copains.
☐ Amicalement, Yves
☐ Écris-moi.

Production écrite

Conseils

La carte d'invitation s'envoie normalement pour une invitation formelle. Souvent les jeunes personnalisent leur carte d'invitation à l'aide de l'ordinateur. Il faut motiver l'invitation, donner le jour et l'heure, le lieu et l'adresse où vous êtes attendu. « R.S.V.P. » veut dire *Répondez s'il vous plaît*. Si vous répondez positivement, remerciez pour l'invitation. Si vous répondez négativement justifiez toujours votre réponse.

6 Associez les débuts et fins des phrases, puis rédigez une carte d'invitation.

1. ☐ Invitation
2. ☐ Soirée Karaoké
3. ☐ Pour les 18 ans
4. ☐ RDV
5. ☐ Salle Vauban 8,
6. ☐ Discrétion demandée
7. ☐ RSVP à

a. d'Émilie.
b. jusqu'au jour J.
c. le 10 octobre.
d. Spéciale
e. à partir de 21h
f. sebastiendubois@orange.fr
g. Av. Jean Jaurès

7 Vous organisez une soirée karaoké sur la plage. Vous rédigez une carte d'invitation à envoyer à vos amis. Précisez le lieu, le jour et l'heure. **(60 mots minimum)**

8 Écrivez une carte d'invitation à l'occasion de votre anniversaire. Précisez la date, le lieu et l'heure et demandez une confirmation. **(60 mots minimum)**
Suivez le plan proposé.

- Annoncer l'anniversaire.
- Écrire en grosses lettres l'âge.
- Inviter à participer.
- Préciser date, lieu et heure.
- Donner des détails sur le programme.
- Demander une confirmation.

Étape 2

9 Vous organisez une soirée dansante sur la plage. Rédigez une carte d'invitation pour inviter vos amis. Précisez le type de soirée, le jour, l'heure, le lieu et demandez confirmation.

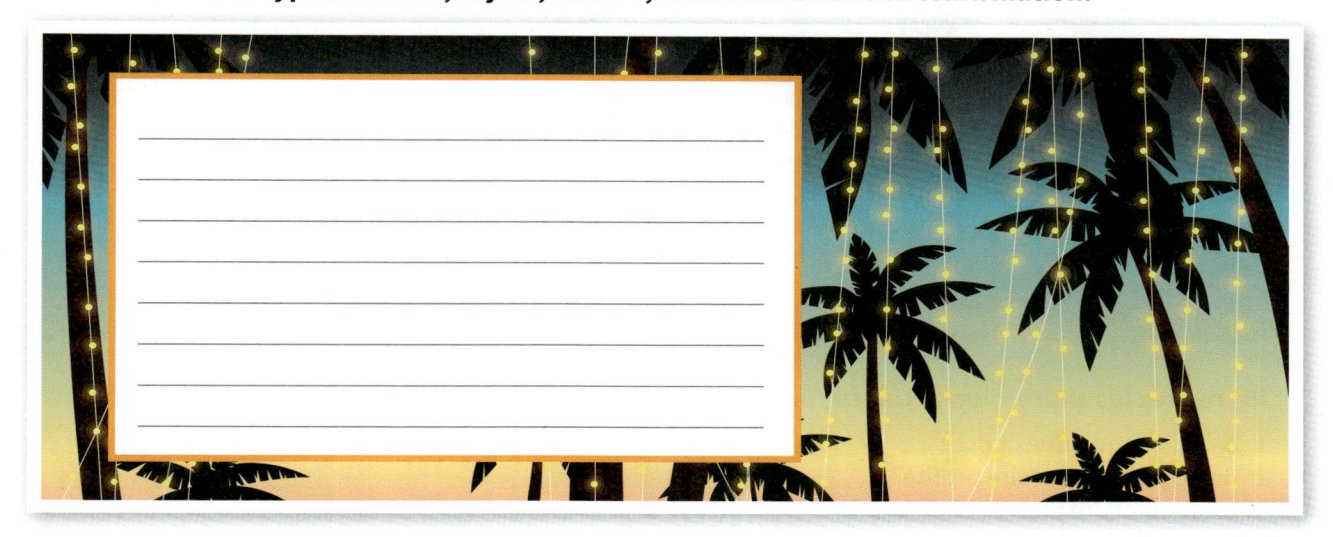

10 Complétez ce mail d'invitation avec les mots donnés.

maillot de bain • soirée • serviette • buffet • piscine • anniversaire • fête • participation

Nouveau message

Cher Olivier,
Le 28 août je fête mon (1) _____. J'organise pour l'occasion une (2) _____ chez moi à 20h00. Un petit (3) _____ froid, une (4) _____ danse et un bain vers minuit dans ma (5) _____.
Je te conseille de t'habiller de manière simple, de prendre un (6) _____ et une (7) _____.
Mon frère organise un karaoké pour les nombreux amateurs.
Confirme ta (8) _____ par mail ou whatsApp.
Bisous et à très bientôt.
Chrystelle

11 Retrouvez l'ordre logique de ce message.

☐ Comme tous les ans, avec mon prof de danse, nous préparons un gala de fin d'année.
☐ Mes parents se proposent de te raccompagner.
☐ Bises, Cécile
☐ Chère Audrey,
☐ Il a lieu au Palais des Congrès samedi 6 juillet à 22h00.
☐ Réponds-moi vite car je dois réserver les places.
☐ À la fin il y a un buffet froid.
☐ Si tu viens, ça me fait un immense plaisir.

Production écrite

12 Lisez le mail ci-dessous.

Nouveau message

Cher Nicolas,
Je suis heureux de t'annoncer que je viens de gagner un séjour de deux jours pour assister au Festival de la Bande Dessinée d'Angoulême pour deux personnes. Je pense à toi pour te faire partager cette opportunité. Je crois que cela peut te faire plaisir et que tu peux venir avec moi les 28 et 29 janvier.
J'attends ta réponse positive.
Amicalement,
Lionel

Envoyer

Retrouvez les expressions utilisées pour…

1 annoncer quelque chose : _____
2 dire qu'on désire faire profiter : _____
3 souhaiter faire plaisir : _____
4 préciser les dates : _____
5 compter sur une confirmation : _____
6 saluer : _____

Fonctions communicatives

Pour inviter
• Voulez-vous venir…
• Je vous invite à…
• Viens, je t'offre…
• Je veux te proposer de…
• On va au / à la… ?
• Tu as envie de… ?
• Tu es libre / disponible ?
• Ça te dit de… / Ça te va de… ?
• Et si on allait… / faisait… ?
• Est-ce que tu aimerais…

Vocabulaire

Les occasions d'invitation
• succès
• gala
• surprise
• soirée
• barbecue
• randonnée
• réussite
• fête d'anniversaire
• fin d'année scolaire
• fête des voisins
• fête de fin d'année

13 Vous fêtez votre anniversaire dans la maison de campagne de vos grands-parents.
Vous invitez vos amis. Vous leur parlez de l'organisation de la soirée et demandez une confirmation. Rédigez le mail. (60 mots minimum)
Suivez le plan proposé.

- Informer de l'anniversaire.
- Donner des indications sur la date, l'heure et le lieu.
- Parler de l'organisation de la soirée.
- Demander la confirmation de présence.
- Saluer.

Étape 2

14 Les grandes vacances approchent. Vous écrivez un mail à votre correspondant(e) pour l'inviter à passer une semaine chez vous dans votre maison au bord de la mer. Dites-lui ce que vous lui proposez comme activités et les visites des lieux que vous pensez lui faire découvrir. Rédigez le mail. (60 mots minimum)
Suivez le plan proposé.

- Demander de ses nouvelles.
- Informer du projet au bord de mer.
- Inviter à passer une semaine chez soi.
- Parler des activités et des visites.
- Demander la confirmation de participation.
- Saluer.

15 Vous allez passer 15 jours à la montagne. Vous écrivez un mail à un copain/une copine pour l'inviter à venir avec vous. Aidez-vous, si vous voulez, des photos. (60 mots minimum)

16 Rédigez un message à un ami pour l'inviter à participer à la fête de votre quartier. Vous donnez des précisions sur la date, le lieu et l'heure. Vous parlez aussi du programme de la fête. (60 mots minimum)

Production écrite

17 Lisez le mail de réponse ci-dessous.

Nouveau message

Chère Cécile,
Je viens de recevoir ton message ! Je suis très heureuse de venir te voir cette année encore. Mes parents me donne la permission et ils sont contents de savoir que tes parents me raccompagnent. Je t'appelle dans une semaine pour te donner les détails sur l'heure et le lieu de notre rendez-vous.
Grosses bises,
Audrey

Envoyer

Répondez aux questions.

1. Qu'annonce Audrey dans ce message ? _____
2. Où va-t-elle cette année ? _____
3. Qui lui a donné la permission ? _____
4. Pourquoi ses parents sont-ils contents ? _____
5. Pourquoi doit-elle appeler sa copine ? _____

18 Complétez ce mail de réponse avec les mots donnés.

> ponctuel • différent • fort • plaisir • chouette • joie

Nouveau message

Cher Paul,
Ton invitation me fait grand (1) _____. Ton idée d'organiser une soirée pour tes 15 ans est (2) _____. Je participe avec (3) _____ et je vais être (4) _____ au rendez-vous.
As-tu besoin de moi comme DJ ou bien veux-tu me donner un rôle (5) _____ ?
Tu sais que je suis (6) _____ dans l'organisation des jeux. Appelle-moi si tu as besoin.
Bises,
Thomas

Envoyer

---

19 Lisez le mail ci-dessous.

Nouveau message

Bonjour Sarah,
Je viens de recevoir ton mail et je te remercie d'avoir pensé à moi. Ta proposition est super mais, cette année, je ne peux pas l'accepter. En effet, je dois repartir une semaine chez ma tante qui vient d'acheter une maison au bord de la mer. Elle me veut avec mes frères et sœurs. C'est un cadeau qu'elle désire nous faire.
Amicalement,
Valérie

Envoyer

Retrouvez les expressions utilisées pour…

1. annoncer l'arrivée du message : _____
2. remercier : _____
3. refuser l'invitation : _____
4. justifier le refus : _____
5. saluer : _____

Étape 2

20 Complétez ce mail avec les verbes donnés.

> organise • espère • commencer • refuser • remercie • regrette

Nouveau message

Cher Quentin,
Quelle surprise ta lettre ! Je te (1) _____ de ta proposition et de ta gentillesse.
Je (2) _____ beaucoup mais je dois (3) _____ ton invitation parce qu'en janvier je suis en classe de neige. Tous les ans mon école (4) _____ une semaine dans les Alpes et cette année je veux (5) _____ à faire du snowboard.
Un grand merci quand même et j' (6) _____ te rencontrer bientôt.
Amicalement,
Adrien

Envoyer

Fonctions communicatives

Pour donner une réponse positive	Pour donner une réponse négative
• Je viens volontiers !	• Ce n'est pas possible !
• Ça me fait plaisir de venir…	• C'est dommage, je suis déjà pris(e).
• Ça me fait plaisir de te voir.	• Je ne suis pas libre.
• Je veux bien participer / venir.	• Désolé(e), je suis déjà invité(e) !
• J'accepte avec joie !	• Je ne peux pas, je suis désolé(e) !
• Je participe avec plaisir !	• C'est sympa, mais je suis occupé(e).
• C'est une bonne idée !	• Quel dommage, je suis pris(e).
• C'est une excellente idée !	• Je regrette, je ne peux pas participer.
• D'accord, on se retrouve où ?	• Je ne peux pas accepter, j'ai un autre…
• D'accord, on se retrouve à quelle heure ?	• Bonne idée, mais malheureusement…

21 Vous venez de recevoir la carte d'invitation de l'exercice 8, page 60.
Vous répondez et vous acceptez l'invitation. (60 mots minimum)
Suivez le plan proposé.

- Remercier pour l'invitation.
- Accepter l'invitation.
- Poser quelques questions relatives à la fête.
- Saluer.

22 Vous rédigez la réponse à l'exercice 14, page 63, et vous refusez l'invitation.
(60 mots minimum)

Production écrite

23 Vous avez reçu cette carte, vous répondez. (60 mots minimum)

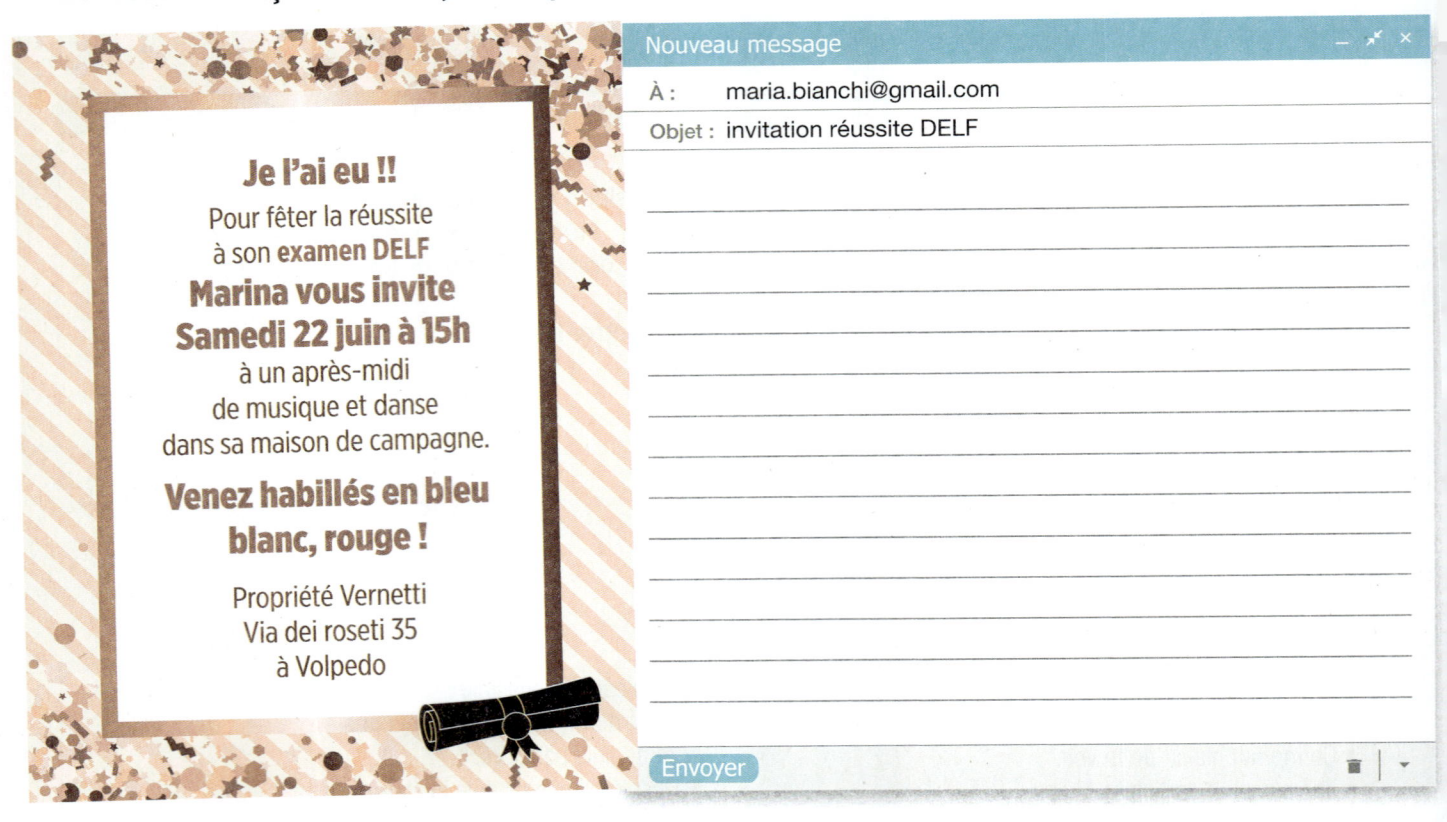

Je l'ai eu !!
Pour fêter la réussite à son examen DELF
**Marina vous invite
Samedi 22 juin à 15h**
à un après-midi de musique et danse dans sa maison de campagne.

Venez habillés en bleu blanc, rouge !

Propriété Vernetti
Via dei roseti 35
à Volpedo

Nouveau message
À : maria.bianchi@gmail.com
Objet : invitation réussite DELF

Envoyer

24 Vous rédigez la réponse à l'exercice 11, page 61. Vous répondez et vous acceptez l'invitation. (60 mots minimum)

25 Vous rédigez la réponse à l'exercice 8, page 60. Vous refusez l'invitation. (60 mots minimum) Suivez le plan proposé.
- Remercier pour l'invitation.
- Refuser l'invitation.
- Motiver le refus.
- Saluer.

Fonctions communicatives

Puor motiver un refus
- Je suis malade et je ne peux pas sortir.
- J'ai une punition de 15 jours.
- Mes parents ne peuvent pas m'accompagner.
- Je prépare mon examen DELF.
- Je dois aller chez mes grands-parents.
- Ma cousine se marie et je suis invité(e).
- J'ai beaucoup de devoirs à faire pour lundi.
- Le club de natation a organisé une compétition.
- Je dois réviser pour une interrogation d'histoire.
- Mes parents ont organisé un week-end à la montagne.

Étape 2

26 Belén se décrit à sa correspondante. Complétez son mail en utilisant les mots donnés.

correspondante • cheveux • yeux • français • grande note • espagnole • peau

---

Nouveau message

Bonjour Anne-Claire,
Je m'appelle Belén Aguilar, je suis (1) _____ et j'ai 16 ans.
J'habite à Barcelone avec ma famille. Je suis (2) _____,
mince, avec de longs (3) _____ bruns, la (4) _____
mate et les (5) _____ marron.
J'étudie le (6) _____ et je viens de passer mon DELF avec une très bonne (7) _____.
J'espère devenir ta (8) _____. Raconte-moi beaucoup de choses sur toi.
J'attends ta réponse.
Amicalement,
Belén

Envoyer

SALUT À TOUS !
Je cherche des correspondant(e)s du monde entier, parlant français et ayant entre 14 et 16 ans.
Réponse assurée !
Anne-Claire, 15 ans
Île de la Réunion
Annonce n. 05/160/2

Fonctions communicatives

Pour décrire une personne

- Il est grand / petit.
- Elle est mince / rondelette.
- Il aime le foot.
- Elle adore la danse.
- Il déteste la musique.
- Elle n'aime pas…
- Il s'intéresse à…
- Il fréquente…
- Il est fan de…

Vocabulaire

Pour décrire une personne

- **Taille** : grand, petit, mince, gros, maigre, costaud, il fait 1m70, elle mesure 1m50…
- **Cheveux** : courts, longs, blonds, châtain, roux, raides, frisés…
- **Yeux** : verts, marron, bleus, noirs…
- **Teint** : clair, mat, olivâtre, bronzé…
- **Nez** : allongé, aplati, fin, aquilin, grand, bossu, retroussé…
- **Oreilles** : décollées, grandes…
- **Qualités** : sympa, sérieux, gourmand, généreux, loyal, respectueux, ponctuel, sociable…
- **Défauts** : paresseux, bavard, dépensier, il n'est jamais à l'heure…
- **Loisirs** : les sports, la musique, la danse, la lecture, le cinéma, le bricolage…

---

27 Vous allez à la gare pour chercher une personne que vous connaissez seulement en photo. Rédigez le mail qu'elle vous envoie avec sa description physique. (60 mots minimum) Suivez le plan proposé.

- Préciser le lieu et l'heure du rendez-vous.
- Annoncer le changement physique par rapport à la photo échangée.
- Se décrire physiquement.
- Saluer.

Production écrite

28 Un nouveau copain vient d'arriver dans votre classe. Il arrive d'Argentine. Il va rester six mois avec vous. Vous écrivez un mail à votre correspondant pour le décrire physiquement et parler de lui. (60 mots minimum)

_____
_____
_____
_____
_____
_____
_____

Nombre : Jorge
Apellido : Virraler
Nacionalidad : Argentina
Fecha de Nacimiento : 28 Mayo 2007
Sexo : M
Lugar de Nacimento : Buenos Aires

29 Vos parents vous ont inscrit dans un centre français de langue. Vous séjournerez dans une famille d'accueil. Vous devez écrire un texte pour vous présenter. (60 mots minimum)

_____
_____
_____
_____

30 Michaël décrit un village. Lisez le mail ci-dessous.

Nouveau message

Chers papa et maman,
Mon séjour chez Enzo se passe bien. Le village est petit mais pittoresque et riche en magasins de souvenirs. Nous profitons de la plage et du beau temps pour faire de la voile et pour visiter. Le soir, nous nous retrouvons tous sur la place principale où nous racontons des histoires et rions jusqu'à tard.
À bientôt, bisous.
Michaël

Envoyer

Retrouvez les expressions utilisées pour…

1 s'adresser à quelqu'un : _____
2 donner des nouvelles : _____
3 décrire le village : _____
4 dire ce que l'on fait le jour et le soir : _____
5 saluer : _____

Étape 2

Fonctions communicatives

Pour décrire un lieu

- J'habite à la campagne.
- J'habite à la mer.
- Mon village se trouve…
- Dans ma ville il y a…
- Le centre-ville est moderne / ancien…
- Dans mon quartier il y a…
- Les rues sont bordées de magasins.
- Les avenues sont larges.
- Les monuments caractéristiques sont…
- Dans le centre-ville les espaces verts sont nombreux.

Vocabulaire

Pour décrire un lieu

- **Mer** : la plage, le sable, les vagues, les rochers, le bateau, les coquillages, les poissons, les oiseaux…
- **Campagne** : le pré, les arbres, les fleurs, la rivière, un lac, un ruisseau, les collines, les sentiers, les animaux…
- **Montagne** : les monts, les torrents, une source, la forêt, les prairies, les sommets…
- **Ville** : le quartier, la place, le jardin public, le monument, la mairie, la poste, la gare, le magasin, le commerce…
- **Ville / Village** : moderne, ancien, cosmopolite, animé, touristique, pittoresque, verdoyant, reposant…

31 Vous êtes à Annecy chez vos cousins et vous écrivez à vos amis pour décrire cette ville. Rédigez le mail. (60 mots minimum)
Suivez le plan proposé.

- Dire où on se trouve.
- Décrire la ville.
- Citer un/des lieu(x) à voir.
- Parler des loisirs.
- Saluer.

_____
_____
_____
_____

Nom de la ville :
Annecy, appelée aussi la Venise des Alpes.
Localisation :
Hautes-Alpes
Climat :
hivers froids, étés frais
À visiter :
le château d'Annecy, la cathédrale Saint-Pierre, le pont des amours…
Loisirs :
ski nautique, planche à voile, canoë-kayak, VTT, tennis, équitation, randonnée…
Alentours :
le lac, stations de ski…

32 Vous écrivez à votre correspondant(e) et vous décrivez votre ville avec ses monuments. Vous lui parlez aussi des activités qu'on peut pratiquer. (60 mots minimum)

_____
_____
_____
_____

Production écrite

33 Vous êtes en vacances pour quelques jours à Paris. Vous écrivez à vos parents et vous décrivez la ville. (60 mots minimum)

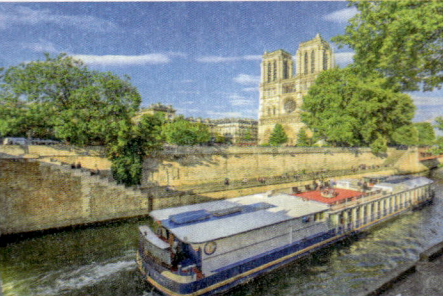

---

34 Vous passez vos vacances à la mer chez vos grands-parents. Vous écrivez à votre correspondant, vous lui décrivez le village et vous parlez des activités que ce lieu offre. (60 mots minimum)

Étape 2

35 Retrouvez l'ordre logique qui décrit une maison.

- ☐ Elle est grande, accueillante et très bien exposée.
- ☐ À très bientôt, je t'embrasse.
- ☐ Chère Gaëlle,
- ☐ Au premier étage il y a trois chambres à coucher, avec salle de bains et un bureau pour mon père.
- ☐ La cuisine est grande et donne sur le jardin.
- ☐ Tu viens me voir ?
- ☐ Avec ma famille nous habitons maintenant une nouvelle maison.
- ☐ Clémence
- ☐ Devant le salon il y a une belle piscine.

Fonctions communicatives

Pour décrire un logement

- J'habite un appartement dans un immeuble.
- J'habite une maison individuelle.
- Au rez-de-chaussée, il y a...
- J'habite au troisième étage.
- La terrasse / Le balcon donne sur...
- Ma chambre est...
- Dans ma chambre, il y a...

Vocabulaire

Pour décrire un logement

- L'immeuble, l'appartement, le studio, la villa, la ferme, la maison...
- Le rez-de chaussée, l'étage, l'ascenseur, les escaliers...
- Les pièces, l'entrée, le couloir, le séjour, le salon, la cuisine, la chambre à coucher, le bureau, la salle de bains...
- Le garage, le grenier, la cave...
- La terrasse, le balcon, les fenêtres...
- Calme, bruyant, clair, ensoleillé, ancien, moderne, confortable, isolé...

36 Vous habitez ce nouvel appartement et vous le décrivez à un de vos amis.
Rédigez le mail. (60 mots minimum)
Suivez le plan proposé.

- Annoncer le changement d'habitation.
- Décrire le nouvel appartement.
- Donner des détails.
- Saluer.

Conseils

On vous demande, comme dans tout écrit, de respecter une consigne qui est celle du nombre de mots à utiliser. Par exemple 60 mots minimum. Voici les règles pour le décompte. Toutes les fois qu'il y a un signe orthographique entre deux mots il ne faut compter qu'un mot. Par exemple : *Appelle-moi demain* = 2 mots. Si non, on compte tous les mots. Par exemple : *Je passe de bonnes vacances* = 5 mots. Ne faites pas de phrases trop longues et écrivez lisiblement. Pour les dates on compte un mot. Par exemple : 2020 compte un mot. Les grands nombres comptent pour plusieurs mots. Exemple : 22 018 compte deux mots. 100 000 compte deux mots. 1 100 000 compte trois mots.
La ponctuation n'est pas comprise. On vous conseille d'écrire le nombre de mots en fin d'exercice et de respecter la consigne quant au nombre de mots à utiliser.

37 Vous êtes en France dans une famille d'accueil. Vous écrivez à vos parents et vous leur décrivez la maison et votre chambre. (60 mots minimum)

Production écrite

Fonctions communicatives

Pour féliciter	Pour consoler
• Félicitations ! • Je te félicite. • Toutes mes félicitations pour ta réussite ! • Tu le mérites. • C'est bien mérité ! Super ! • Je suis fier (fière) de toi ! • Bravo ! • Chapeau ! • Mes compliments !	• Ce n'est pas grave. • Ça peut arriver. • Ça arrive à tout le monde ! • Ça n'a aucune importance. • Ce n'est pas la fin du monde. • Peu importe. • Ne te fais pas de soucis. • Ce n'est pas un problème. • Ce n'est rien.

38 Vous venez de recevoir ce faire-part. Vous répondez pour féliciter vos amis et pour leur dire que vous ne pourrez pas participer. Vous vous justifiez. (60 mots minimum)

Vanessa & Dimitri
MARIAGE

C'est avec Plaisir et Joie que nous vous invitons
LE 28 JUIN 202...
À 15H À LA MAIRIE DE MONTPELLIER
64, ROUTE DE L'ARCHE

39 Vous écrivez un mail à un de vos amis qui vient d'obtenir une bourse pour les États-Unis. Vous le félicitez. (60 mots minimum)
Suivez le plan proposé.
- Féliciter pour la nouvelle.
- Proposer d'organiser une fête pour l'occasion.
- Avertir d'un appel téléphonique pour les détails.
- Saluer.

_____
_____
_____
_____

40 Un de vos amis vient de passer son permis de conduire. Vous lui écrivez un message pour le féliciter. (60 mots minimum)

41 Un de vos amis vient de perdre un match important pour un championnat. Vous lui écrivez un mail pour le réconforter. (60 mots minimum)

Fonctions communicatives

Pour s'excuser
• Excuse-moi ! / Excusez-moi ! • Ce n'était pas mon intention...
• Pardon !   • Je m'excuse pour...
• Pardonne-moi ! Pardonnez-moi !   • C'est de ma faute...
• Désolé (e) !   • Ne sois pas / soyez en colère contre moi.
• Je suis vraiment désolé (e) pour...   • Je te / vous prie de m'excuser.
• Ne m'en veux pas. / Ne m'en veuillez pas.   • Je te / vous demande pardon.

42 Vous venez de recevoir ce message de vos voisins. Vous leur répondez pour vous excuser. Rédigez le mail. (60 mots minimum)

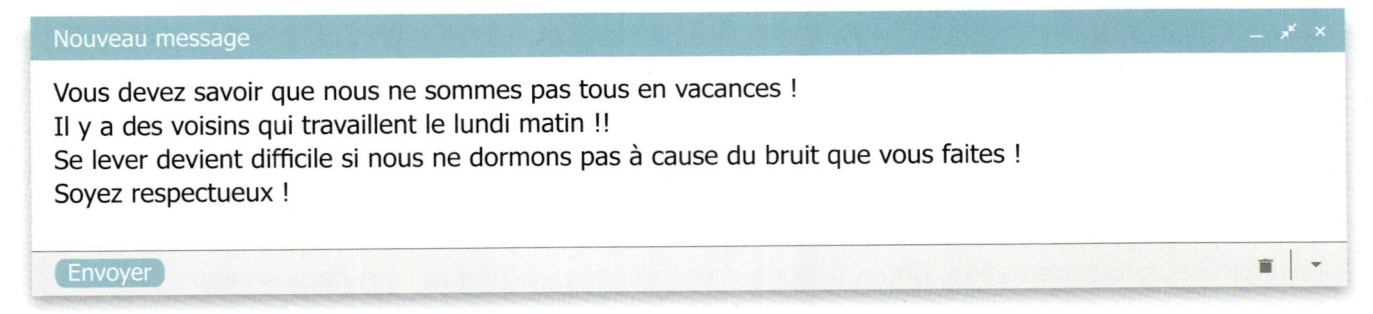

Nouveau message

Vous devez savoir que nous ne sommes pas tous en vacances !
Il y a des voisins qui travaillent le lundi matin !!
Se lever devient difficile si nous ne dormons pas à cause du bruit que vous faites !
Soyez respectueux !

Envoyer
---

43 Il est 20h00 et vous venez de lire ce rendez-vous. Vous écrivez à Mathieu pour vous excuser d'avoir oublié. (60 mots minimum)

Février 10 Samedi — 14 : Rendez-vous avec Mathieu pour acheter cadeau d'anniversaire à Franck.

Février 11 Dimanche

Production orale

Comment se présente l'épreuve ?

L'**épreuve orale** se déroule en trois parties :
- **Entretien dirigé** : au cours duquel vous vous présentez. (1 minute 30 environ)
- **Monologue suivi** : au cours duquel vous parlez d'un thème donné. (2 minutes environ)
- **Exercice en interaction** : au cours duquel vous jouez un jeu de rôle avec l'examinateur sur une scène de la vie quotidienne. (3 à 4 minutes environ)

On vous demande de :
- répondre à des questions qui porteront sur votre présentation… ;
- vous exprimer sur un thème choisi et éventuellement répondre à quelques questions complémentaires ;
- jouer un rôle et dialoguer avec l'examinateur sur une situation de la vie courante.

Comment faire ?

Pour le **monologue suivi** et **l'exercice en interaction**…
- l'examinateur vous demande, pour chacune des épreuves, de tirer au sort deux sujets ;
- vous lisez ces sujets et vous en choisissez un pour chaque épreuve ;
- l'examinateur vous invite à vous asseoir un peu plus loin dans la même pièce, vous remet une feuille de brouillon et vous donne 10 minutes pour vous préparer ;
- vous relisez attentivement les sujets choisis et vous prenez des notes sur votre feuille de brouillon que vous pouvez consulter pendant la passation ;
- l'examinateur vous demandera de la lui remettre mais ne corrigera pas cette feuille de brouillon.

Comment se déroule l'épreuve?

Pour vous permettre d'affronter l'épreuve orale de façon plus détendue, nous vous invitons à visionner cette vidéo.
Vous découvrirez le déroulement complet de l'examen oral.

Entretien dirigé

> **Conseils**
>
> Au cours de cette épreuve vous devrez répondre à des questions simples posées par l'examinateur sur vous-même, votre famille, vos études, vos loisirs, votre ville...
> Pour être poli, tout d'abord, vous devez saluer et faire toujours suivre les salutations de *Madame* ou *Monsieur* (ex. *Bonjour Madame, Bonjour Monsieur*...).
> Il ne faudra pas tutoyer l'examinateur mais le vouvoyer et ne pas répondre par *OUI* ou par *NON* aux questions posées mais développer les réponses avec des arguments.
> Si vous n'avez pas compris l'examinateur, n'hésitez pas à demander de répéter.
>
> Dans ces pages vous trouverez des activités et des enregistrements pour vous entraîner.

1 🔊 36 **Voici des expressions à utiliser pendant l'examen. Écoutez-les.**

a Bonjour Monsieur !
b Au revoir Madame !
c Mon nom est Dufour, D U F O U R.
d Mon prénom est Valentine.
e J'ai 15 ans.
f Je suis espagnol.
g J'habite à Prague.
h J'adore faire du ski.
i J'ai deux sœurs et un frère.
j À la maison nous avons un chien.
k J'écoute de la musique.
l Mon signe zodiacal est la balance.

> **Conseils**
>
> En français, pour épeler, on utilise des prénoms. Pensez à vous construire une liste alphabétique : *A comme Anatole, B comme Berthe*...
> Rappelez-vous, quand vous indiquez l'âge, de faire toujours suivre le nombre du mot *ans*, exemple : *J'ai 14 ans*.
> Voici quelques signes du zodiaque : *bélier, verseau, gémeaux, lion, balance*...

2 🔊 37 **Associez les questions aux réponses. Écoutez et vérifiez.**

1 ☐ Quelle est votre nationalité ?
2 ☐ D'où est originaire votre famille ?
3 ☐ De quelle ville venez-vous ?
4 ☐ En quelle année êtes-vous né ?
5 ☐ Avec qui habitez-vous ?
6 ☐ Vous habitez une maison ?
7 ☐ De combien de personnes est composée votre famille ?
8 ☐ Avez-vous des animaux à la maison ?
9 ☐ Est-ce que vous faites du sport ?
10 ☐ Qu'est-ce que vous faites le week-end ?

a Ma famille est composée de 5 personnes.
b Non, j'habite un appartement au troisième étage.
c Oui, j'ai un chat et un chien.
d Je fais mes devoirs et je sors avec mes amis.
e Je suis né en 2010.
f Ma famille est d'Athènes.
g Je suis jordanienne.
h Oui, je pratique le tennis et la natation.
i Je viens de Madrid.
j J'habite avec mes parents et mon frère.

Production orale

3 🔊 38 **Choisissez, parmi ces expressions, celles que vous pouvez utiliser quand vous êtes en difficulté. Écoutez et vérifiez.**

> Je suis désolé, je ne comprends pas. • Vous pouvez répéter, s'il vous plaît ? • Pouvez-vous m'expliquer le mot... ?
> Pouvez-vous parler plus lentement, s'il vous plaît ? • Excusez-moi, je ne comprends pas bien la question.

Situation	Expression à utiliser
1 Je ne comprends pas bien la question.	a _____
2 Je ne comprends rien du tout.	b _____
3 Je veux me faire répéter la question.	c _____
4 Vous parlez trop vite.	d _____
5 J'ai besoin qu'on m'explique un mot.	e _____

4 🔊 39 **Pour chaque consigne trouvez l'explication correspondante. Écoutez et vérifiez.**

1. ☐ Est-ce que je peux vous tutoyer ?
2. ☐ Tire au sort deux sujets !
3. ☐ Lis-les !
4. ☐ Écarte le sujet que tu n'aimes pas !
5. ☐ Prépare le sujet !
6. ☐ Est-ce que je peux prendre une feuille de brouillon ?

a. Réfléchis sur le sujet et prends des notes !
b. Utilise une feuille blanche pour préparer ton oral !
c. Prends au hasard deux thèmes !
d. Prends connaissance de ces sujets !
e. Vous permettez que je vous dise tu ?
f. Mets de côté le sujet qui ne te plaît pas !

5 Répondez aux questions pour préparer votre présentation.

1. Quel est votre prénom ?
2. Quel est votre nom ?
3. Comment s'écrit votre nom ?
4. Quel est votre âge ?
5. Quelle est votre date de naissance ?
6. Vous êtes né(e) en quelle saison ?
7. Sous quel signe zodiacal êtes-vous né ?
8. Où êtes-vous né(e) ? C'est dans quel pays ?
9. Que faites-vous pendant votre temps libre ?
10. Pratiquez-vous un sport ?
11. Parlez-moi de votre famille.
12. Habitez-vous à la ville ou à la campagne ?
13. Vous avez une chambre pour vous dans votre maison ou vous la partagez ?
14. Par quels moyens allez-vous au collége/lycée ?
15. Avez-vous un animal familier ?
16. Quelle matière scolaire préférez-vous ?

Conseils

Voici des suggestions.
Moi : je m'appelle (*prénom + nom*) ; j'ai (*nombre*) ans ; je suis (*nationalité...*) ; je viens de (*nom pays*) ; je suis étudiant/e, élève, collégien/ne.
Ma famille : mes parents s'appellent ; j'ai un frère/une sœur ; il/ elle a (*âge*) ; je suis le cadet/ la cadette ; je suis l'aîné(e).
Mes goûts : j'aime beaucoup/un peu ; j'aime bien ; j'adore ; je n'aime pas ; je n'aime pas du tout ; je déteste ; j'ai horreur...
Ma nationalité : allemand/allemande ; américain/américaine ; anglais/anglaise ; brésilien/brésilienne ; chinois/chinoise ; espagnol/espagnole ; grec/grecque ; italien/italienne ; japonais/japonaise ; russe ; suisse...
Mes matières : le français ; l'anglais ; l'espagnol ; la littérature ; l'histoire ; la géographie (la géo) ; la biologie ; les sciences de la vie et de la terre (les SVT) ; les mathématiques (les maths) ; la chimie ; la physique ; l'informatique ; la technologie (la techno) ; le dessin ; la musique ; la philosophie ; le EPS (le sport, la gymnastique, la gym) ; l'éducation civique...

Entretien dirigé

Le saviez-vous ?

Une petite révolution dans la tradition du nom paternel !

Les parents ont désormais la faculté de choisir le nom de famille de leurs enfants.
Avant 2005, le choix du nom de l'enfant n'était pas possible. Si ses parents étaient mariés, il portait automatiquement le nom du père.
Depuis le 1er janvier 2005, trois possibilités sont offertes aux parents pour le nom de leur enfant : **transmettre le nom du père**, celui de la **mère** ou les **deux accolés**.
Le choix du nom de famille n'est toutefois permis que pour le premier enfant commun des parents. Les enfants suivants portent le nom de l'aîné.

Comment se construit le nom ?
Coralie Cabrin et Bernard Laval vont avoir une fille, Julie. Elle pourra s'appeler au choix : Julie Laval ; Julie Cabrin ; Julie Laval Cabrin ou Julie Cabrin Laval.

Un prénom pour la vie
En France, le prénom choisi par les parents peut être refusé par l'officier d'État Civil au moment de la déclaration de la naissance de l'enfant. Depuis la loi du 8 janvier 1993, il n'est pas possible de donner n'importe quel prénom à son enfant et cela dans l'intérêt de l'enfant même. On évite par exemple des prénoms grossiers, ridicules ou qui correspondent à des mots de sens précis : Cerise, Olive…

Les familles en France

Ce graphique représente la **répartition des enfants vivant en France selon le type de famille**.
La famille **traditionnelle** ou **nucléaire**, formée de deux parents avec un ou plusieurs enfants vivant sous le même toit, reste la plus diffuse.
Les familles **monoparentales** avec des enfants vivant avec la mère sont nombreuses.
En contrepartie, les familles monoparentales composées d'un homme avec un ou plusieurs enfants sont sous-représentées.
La majorité des familles **recomposées** sont constituées d'enfants qui vivent avec leur mère.

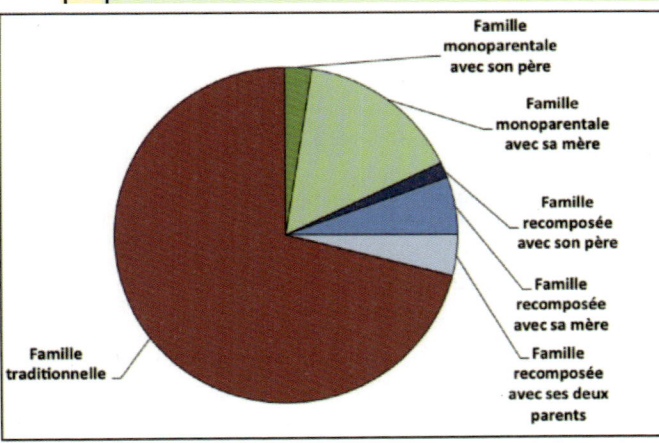

Source : Insee, enquête Familles et logement

Catégories du graphique : Famille traditionnelle ; Famille monoparentale avec son père ; Famille monoparentale avec sa mère ; Famille recomposée avec son père ; Famille recomposée avec sa mère ; Famille recomposée avec ses deux parents.

Production orale

Monologue suivi

> **Conseils**
>
> Le jour de votre oral, vous choisissez 2 sujets à développer pendant l'épreuve du monologue suivi. Vous gardez le sujet que vous préférez et vous le préparez. Vous devez vous exprimer sur ce sujet.
> - Vous pouvez prendre des notes sur un brouillon avec des mots-clés.
> - Complétez vos mots-clés avec des idées complémentaires.
> - Pensez à de simples connecteurs logiques pour construire votre discours.
>
> L'examinateur, ensuite, peut vous poser des questions pour compléter votre exposé.

1 Pendant 2 minutes environ, parlez sur ce sujet.
Pour préparer votre monologue, aidez-vous du plan et de la carte mentale proposées.

> ### La famille
> Parlez de votre famille. Avez-vous une famille nombreuse ? Combien de membres y a-t-il et quel est leur lien de parenté ? Y a-t-il des personnes âgées ? Les voyez-vous souvent ? Êtes-vous très lié(e) à ces personnes ? Vivent-elles avec vous ou loin de chez-vous ? Que faites-vous avec elles ?

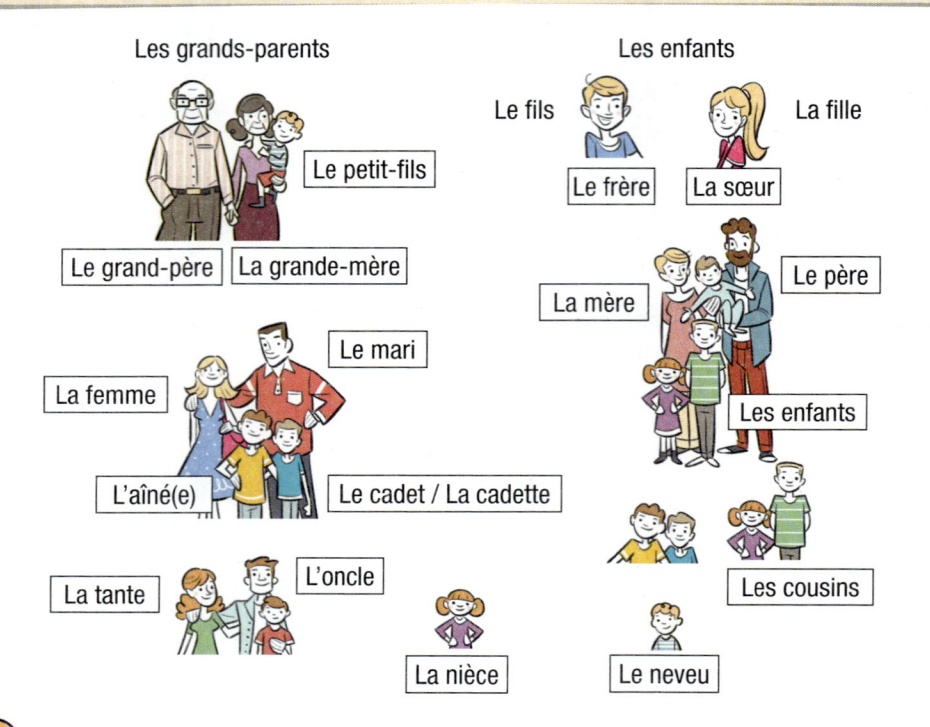

Les grands-parents — Le petit-fils — Le grand-père — La grande-mère
Les enfants — Le fils — La fille — Le frère — La sœur
La mère — Le père — Les enfants
Le mari — La femme — L'aîné(e) — Le cadet / La cadette
La tante — L'oncle — La nièce — Le neveu — Les cousins

> **Conseils**
>
> Suivez le plan :
> - dire si votre famille est traditionnelle, recomposée… ;
> - indiquer le lien de parenté des différents membres ;
> - présenter les personnes âgées ;
> - dire les sentiments qui vous lient ;
> - préciser où ils habitent ;
> - parler de ce que vous faites avec eux.

> **Vocabulaire**
>
> **Les liens de parenté**
>
> **Appellations familières :** la mère : *maman* ; le père : *papa* ; le grand-père : *papy* ou *pépé* ; la grand-mère : *mamy* ou *mémé* ; l'oncle : *tonton* ; la tante : *tata* ou *taty*.
> **Liens sentimentaux :** être attaché, être affectionné, être distant.
> **Activités partagées :** cuisiner, jouer aux cartes, jardiner, jouer de la musique…

Monologue suivi

2 🔊 40 **Écoutez l'enregistrement, complétez l'exercice et répétez-le. Puis entraînez-vous à l'épreuve orale avec votre description.**

Je vais parler d'un ami. Il s'appelle **(1)** _____, il a **(2)** _____ ans et il habite à **(3)** _____ comme moi. Il est **(4)** _____ et il a des cheveux **(5)** _____. Son nez est **(6)** _____ et ses oreilles sont **(7)** _____. Ses yeux sont **(8)** _____ et il porte des lunettes.
Il est **(9)** _____ et **(10)** _____.
Je l'ai rencontré le **(11)** _____. Aujourd'hui, nous fréquentons le **(12)** _____ mais nous ne sommes pas dans la **(13)** _____.
Je le vois le **(14)** _____ parce que **(15)** _____... Il aime le sport comme moi. Nous nous téléphonons **(16)** _____ pour **(17)** _____.

Vocabulaire

Les qualités et défauts d'une personne

Positif : gentil(le), aimable, sympathique, serviable, sincère, sensible, expansif (expansive), attentif (attentive), dynamique, travailleur (travailleuse), enthousiste, énergique

Négatif : têtu(e), paresseux (paresseuse), mauvais caractère, coléreux (coléreuse), impulsif (impulsive), impatient(e), autoritaire, méfiant(e), timide, nonchalant, grognon, susceptible

3 **Pendant 2 minutes environ, parlez sur ce sujet. Aidez-vous du vocabulaire et du plan proposé.**

Un ami
Décrivez votre meilleur(e) ami(e). Quelles sont ses qualités ? Ses défauts ? Quelles activités pratiquez-vous avec lui/elle ?
Suivez le plan :
- Faire sa description physique.
- Parler de ses qualités.
- Parler de ses défauts.
- Décrire les activités partagées.

Vocabulaire

Pour parler des loisirs

Verbes
- pratiquer
- jouer
- faire
- suivre
- visiter
- sortir
- aller
- voir
- écouter
- lire

Activités
- sport
- instrument de musique
- activités
- cours de langue
- exposition
- amis
- cinéma
- télé
- musique
- livre/BD

4 **Pendant 2 minutes environ, parlez sur ce sujet. Aidez-vous du vocabulaire proposé ci-dessus.**

Un ami
Parlez d'un/une ami(e). Comment est née cette amitié ? Vous le/la voyez tous les jours ? Vous lui téléphonez souvent ? Que faites-vous avec lui/elle ? Expliquez.

Production orale

5 Pendant 2 minutes environ, parlez sur ce sujet.

Le personnage
Parlez d'un personnage connu que vous admirez. Décrivez-le et dites ce qui vous plaît chez lui ou chez elle.

6 Pendant 2 minutes environ, parlez sur ce sujet. Aidez-vous du vocabulaire proposé.

L'animal de compagnie
Avez-vous un animal familier ? Lequel ? Si ce n'est pas le cas, voulez-vous en avoir un ? Pourquoi ? Décrivez cet animal.

Vocabulaire

L'animal de compagnie

	Chien	Chat
La femelle	Une chienne	Une chatte
Le petit	Un chiot	Un chaton
Sa description	**Taille** : gros, de petite taille, de taille moyenne. **Poil** : court, épais, dense, long. **Queue** : tombante, touffue, courte. **Couleur de la robe** : marron, noire, toute noire, taches blanches sur le poitrail. **Partie du corps** : museau, pattes, griffes, yeux, oreilles.	**Taille** : petit, gros. **Poil** : angora, en tapis de laine. **Couleur de la robe** : blanc, roux, tigré, noir. **Partie du corps** : museau, moustaches, pattes, griffes, yeux, oreilles.
Son cri	Aboyer (un aboiement) Hurler (un hurlement)	Miauler (un miaulement) Ronronner (un ronronnement)
Son caractère	Fidèle, affectueux, patient, docile, sociable, bon gardien, glouton, gentil, méchant, agressif, romantique.	Sensible, doux, discret, persuasif, indépendant, lunatique, joueur, calme, susceptible, casanier, rusé.
Sa nourriture	Des boîtes à base de viande et de légumes, du riz soufflé, des croquettes, des restes de nos repas, de l'eau.	Des croquettes, des boîtes, du pâté, des restes de nos repas, un peu d'herbe, de l'eau, du lait.
Son repos	Dans une niche, une panière.	Dans un panier, une corbeille.
Que faire pour lui	Le nourrir, le promener, le distraire, l'amener chez le vétérinaire, le laver, le brosser, le soigner, jouer avec lui.	Le nourrir, nettoyer sa litière, l'amener chez le vétérinaire, le brosser, le distraire, le soigner, jouer avec lui.

Vocabulaire

Les animaux familiers
la tortue, le poisson, le hamster, le lapin, la gerbille, le cochon d'Inde, l'oiseau, le canari, la perruche.

Monologue suivi

7 Pendant 2 minutes environ, parlez sur ce sujet.
Aidez-vous des idées proposées.

Les saisons
Quelle est votre saison préférée ? Pour quelles raisons ? Que faites-vous pendant cette saison ? Expliquez.

L'été
Il y a du soleil, il fait chaud.
C'est la saison des grandes vacances.
Je ne vais pas à l'école.
Je pars en voyage.

L'automne
Le ciel est gris et pluvieux.
C'est la rentrée scolaire.
Je retrouve mes camarades de classe.
Je fais des achats pour la rentrée.

L'hiver
Il y a du brouillard, il neige.
C'est la saison des vacances de fin d'année.
Je pars à la montagne.
Je fais du ski.

Le printemps
Il y a du vent, le ciel est limpide.
C'est la saison des fleurs.
Je fais des projets pour l'été.
Je fais des promenades, je sors mon vélo.

8 Pendant 2 minutes environ, parlez sur ce sujet.

La cuisine de mon pays
Parlez de la cuisine de votre région ou pays. Quels sont les plats les plus connus ? Avez-vous un plat préféré et un autre que vous n'aimez pas ? Quels sont les ingrédients qui ne vous plaisent pas ?

Le saviez-vous ?

Les bons plats du terroir

Le territoire et le climat font de la France un des pays les plus célèbres au monde pour sa cuisine.

En Bretagne, on mange du poisson et des fruits de mer. Cette région est aussi réputée pour ses **crêpes**. On les propose salées et aussi sucrées avec du chocolat, de la confiture, de la compote de fruits ou de la glace.

Les **escargots de Bourgogne** sont farcies de beurre et de persil haché, d'ail pilé, puis passées au four.

La **fondue savoyarde** se sert avec des petits croûtons de pain que l'on trempe dans le fromage chaud fondu.

En Provence, on peut déguster une soupe à base de poissons appelée la **bouillabaisse** : le plat des pêcheurs marseillais.

La France est très riche en fromages. On en compte une variété par jour de l'année. Parmi plus de 360 variétés de fromages il y a le **camembert**, le **roquefort**, le **brie**, le **cantal** et le **bleu de Bresse**...

Production orale

9 Pendant 2 minutes environ, parlez sur ce sujet. Aidez-vous des idées proposées.

Le plat
Parlez d'un plat que vous préférez. Expliquez pourquoi. Quels sont les ingrédients de ce plat ? À quelle occasion le mangez-vous ? Expliquez.

Moussaka
Pour 4 personnes
Ingrédients 
- 2 aubergines
- 6 pommes de terre
- 500 g de mouton haché
- 5 tomates
- 1 oignon
- huile d'olive
- 30 g de beurre
- 1 petite cuillère de cannelle
- 1 cuillère à soupe de miel
- noix muscade
- de la béchamel

Pizza margherita
Pour 4 personnes
Ingrédients 
- 1 pâte à pizza
- 200 g coulis de tomates
- 2 tomates
- 2 boules de mozzarella
- feuilles de basilic (un peu)
- 1 filet d'huile d'olive
- sel
- poivre

Tortillas
Pour 6 personnes
Ingrédients 
- 1 kg de pommes de terre
- 8 œufs
- 1 oignon (pour une grande poêle)
- poivre

Crêpes sucrées
Pour 4 personnes
Ingrédients 
- 300 g farine
- 3 œufs entiers
- 3 cuillères à soupe de sucre
- 2 cuillères à soupe d'huile
- 50 g de beurre fondu
- 60 cl de lait

10 Pendant 2 minutes environ, parlez sur ce sujet. Aidez-vous du vocabulaire proposé.

Le petit-déjeuner
Prenez-vous votre petit-déjeuner avant de sortir de la maison ? Que buvez-vous et que mangez-vous ? Si non, à quelle heure de la matinée prenez-vous quelque chose et que prenez-vous ?

Vocabulaire

Les boissons et les aliments

Boissons
- Du lait
- Du chocolat
- Du thé
- Du café
- Du café au lait
- De la chicorée
- Un jus de fruit
- Un jus d'orange

Aliments
- Des biscuits
- Des biscottes
- Une tranche de gâteau
- Une brioche
- Un croissant
- Une tartine de pain avec du beurre et de la confiture / du miel
- Une tranche de pain grillé
- Des céréales
- Un yaourt
- Du fromage blanc
- Un œuf
- Un fruit

11 Pendant 2 minutes environ, parlez sur ce sujet.

Le repas
Des trois repas principaux, lequel prenez-vous en famille ? Aidez-vous dans la préparation de la table ou du repas ? Quels sont vos sujets de conversation ?

Monologue suivi

12 Pendant 2 minutes environ, parlez sur ce sujet. Aidez-vous du vocabulaire proposé.

Le sport
Pratiquez-vous un sport ? Lequel ? Où et quand le pratiquez-vous ? Avec qui ? Regardez-vous ce sport à la télé ? Y a-t-il des champions de ce sport dans votre pays ? Qui sont-ils ?

Vocabulaire

Les sports

Les sports	Lieu	Pourquoi	Quand	Depuis	Avec
• Le ski	• Le stade	Parce que	• Tous les jours	• Mon enfance	• Ma famille
• La natation	• Le gymnase	• je fréquente le lieu (le stade, le gymnase, la piscine, un club…)	• Une fois par semaine	• 2 ans	• Un moniteur
• La danse	• La piscine	pour	• Les week-end	• L'an dernier	• Une équipe
• La course	• Le club	• me détendre	• Les après-midi	• Cette année	• Mes copains d'école
• La gymnastique	• La piste	• améliorer ma santé	**Pendant**	• Ce début de saison	• Mon ami
• Le foot	• La montagne	• garder ma ligne	• toute l'année scolaire	• Longtemps	
• Le basket	• La mer	• m'amuser	• mon temps libre	• Peu	
• Le rugby	• La rue	• participer à des compétitions			
• Le cyclisme	• Le sentier	• remporter des prix…			
• La marche	• La salle				

13 Jouez de nouveau le monologue en changeant de sport, de lieu et d'équipement.

14 Pendant 2 minutes environ, parlez sur ce sujet. Aidez-vous de la carte mentale.

Les loisirs
Comment occupez-vous votre temps libre ? Avez-vous un ou plusieurs loisirs ? Ces loisirs varient-ils selon la saison ? Lequel préférez-vous ? Expliquez pourquoi.

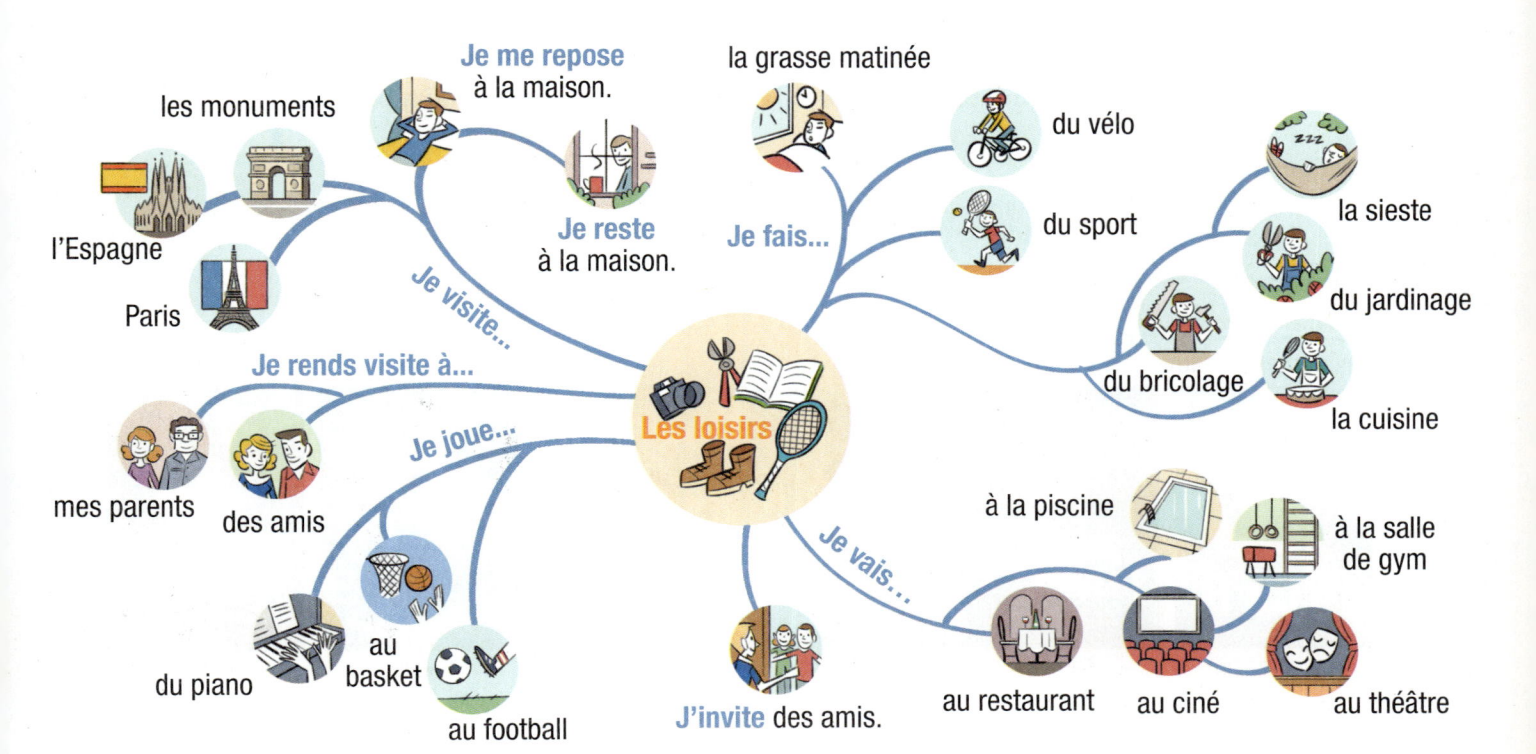

Les loisirs

- **Je visite…** les monuments, l'Espagne, Paris
- **Je rends visite à…** mes parents, des amis
- **Je joue…** du piano, au basket, au football
- **Je me repose** à la maison.
- **Je reste** à la maison.
- **J'invite** des amis.
- **Je fais…** la grasse matinée, du vélo, du sport, la sieste, du jardinage, du bricolage, la cuisine
- **Je vais…** à la piscine, à la salle de gym, au restaurant, au ciné, au théâtre

Production orale

15 Pendant 2 minutes environ, parlez sur ce sujet.
Aidez-vous du plan proposé.

Les vêtements
Quels vêtements préférez-vous ? Achetez-vous des vêtements griffés ? Est-ce très important d'avoir dans votre armoire ce genre de vêtements ? Pourquoi ?

Suivez le plan :
1. Citer vos vêtements préférés.
2. Expliquer pourquoi vous les aimez.
3. Dire comment vous vous habillez habituellement : les couleurs et les accessoires portés.
4. Dire si vous achetez ou non des vêtements griffés.
5. Expliquer pourquoi.
6. Dire si vous en avez dans l'armoire.

16 Pendant 2 minutes environ, parlez sur ce sujet.

Le téléphone portable
Depuis quel âge avez-vous un téléphone portable ? Est-il un compagnon omniprésent dans votre quotidien ? Pourquoi l'utilisez-vous ? Quand l'éteignez-vous et pourquoi ?

17 Pendant 2 minutes environ, parlez sur ce sujet.

La lecture
Parlez d'un livre qui vous a plu. Vous a-t-il été offert ? L'avez-vous acheté ? Si oui, quelqu'un vous l'a-t-il conseillé ? Expliquez.

18 Pendant 2 minutes environ, parlez sur ce sujet. Aidez-vous du vocabulaire proposé.

Le cinéma
Vous allez souvent au cinéma ? Avec qui ? Racontez un film qui vous a plu. Expliquez pourquoi.

Vocabulaire

Les genres de films

| La comédie | Le film d'horreur | Le dessin animé | Le film historique | Le film d'action | Le film de science fiction |

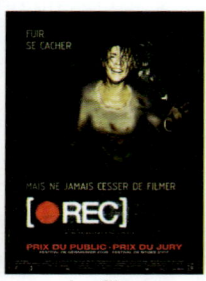

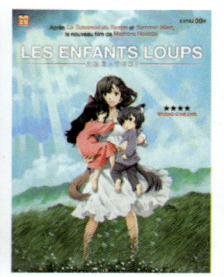

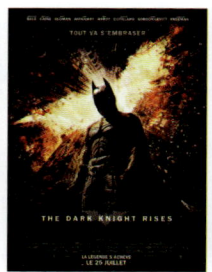

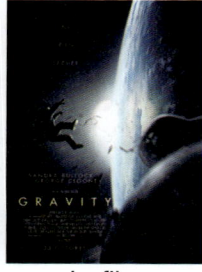

Monologue suivi

19 Pendant 2 minutes environ, parlez sur ce sujet.
Aidez-vous d'une de ces deux pages d'agenda.

Le samedi et le dimanche
De ces deux jours de week-end, lequel préférez-vous ? Pour vous sont-ils deux jours d'entière liberté ? Expliquez.

Samedi
- 9
- 10 grasse matinée
- 11 étude
- 12
- 13 déjeuner en famille
- 14
- 15 achat pull
- 16
- 17 rendez-vous avec copains/copines
- 18 ciné
- 19
- 20 pizza
- 21
- 22 glacier

Dimanche
- 9
- 10 grasse matinée
- 11 étude
- 12
- 13 déjeuner chez grands-parents
- 14
- 15 sport
- 16
- 17
- 18 TV
- 19
- 20 dîner en famille
- 21
- 22 coucher

Grammaire

Des connecteurs logiques : *d'abord, tout d'abord, avant tout, pour commencer… ; ensuite, puis, et puis, après cela, en outre encore, de plus… ; finalement, enfin, pour finir…*

20 Pendant 2 minutes environ, parlez sur ce sujet. Pour préparer votre monologue, aidez-vous des avis que certains ados ont donné.

L'emploi du temps
Parlez de votre emploi du temps scolaire. Dites si vous aimez suivre les cours uniquement en classe ou aussi à distance. Aimez-vous le rythme scolaire que propose votre établissement ? Que pensez-vous d'un enseignement avec des cours traditionnels le matin et sport ou activités culturelles l'après-midi ? Expliquez pourquoi.

> Super les cours à distance ! C'est une bonne chose de ne pas devoir mettre son manteau et sortir de la maison. On est moins distrait qu'en classe et on révise selon son rythme.
> Christelle

> Moi, mes camarades de classe me manquent. Je préfère les cours en classe même avec un professeur particulièrement sévère.
> Romain

> C'est une bonne idée, à condition de se donner à fond le matin afin de ne pas prendre de retard sur le programme.
> Raphaël

> Le sport, c'est bon pour la santé et tu fais autre chose que rester assis toute la journée.
> Aurore

Conseils

🔊 41 Écoutez un exemple de monologue qui peut se prêter à l'exercice ci-dessus.

Production orale

21 Pendant 2 minutes environ, parlez sur ce sujet.
Lisez le message de Lila et complétez le tableau.

La ville
Habitez-vous une ville ou un village ? Décrivez-la/le. Est-ce que vous aimez y vivre ?
Parlez des avantages et des inconvénients de vivre à la ville ou à la campagne.

Nouveau message

Chère Marie-Laure,
Je t'écris de Reims. J'habite cette ville maintenant, avec ma famille, pour le travail de mon père.
Rennes a un centre très animé, de belles avenues et de beaux immeubles.
Près de chez nous il y a mon lycée. C'est un bel avantage de pouvoir se lever au dernier moment et d'aller acheter ses fournitures scolaires sans la voiture ! Je me déplace à pied ou à vélo. J'aime bien, parce qu' attendre tous les jours le bus, c'est terrible ! Il y a une belle piscine où je suis déjà inscrite, une bibliothèque à 5 minutes à pied mais aussi de jolis jardins. Mais il y a du bruit et de la pollution.
Amitiés.
Lila

Envoyer

Avantages	Inconvénients

22 Pendant 2 minutes environ, parlez sur ce sujet.

L'habitation
Décrivez la maison ou l'appartement que vous habitez. Dites ce qui vous plaît et ce qui ne vous convient pas de ce logement. Expliquez pourquoi.

23 🔊 42 Pendant 2 minutes environ, parlez sur ce sujet.
Pour préparer votre monologue écoutez l'enregistrement et complétez.

La chambre à coucher
Avez-vous une chambre pour vous tout seul ou la partagez-vous ? Décrivez-la.

J'ai une jolie petite chambre pour moi tout seul. La pièce est lumineuse et une (1) _____ donne sur un (2) _____. Dans ma chambre il y a mon (3) _____. C'est un (4) _____ à une place avec un beau (5) _____ bleu. Il y a une grande (6) _____ en bois blanc qui occupe un côté de la pièce. J'ai bien sûr une (7) _____ avec une (8) _____ et un (9) _____. Devant l' (10) _____, il y a un (11) _____ moderne avec du bleu et du jaune. Les (12) _____ aussi sont bleus et jaunes. Près de la (13) _____ se trouve mon (14) _____ avec une (15) _____ et une petite (16) _____. Mon (17) _____ est posé sur mon bureau avec mes (18) _____ de classe. Dans ma chambre, il n'y a pas de (19) _____ parce que mes parents ne sont pas d'accord et d'habitude je la regarde dans le salon. Comme tous les jeunes de mon âge j'aime les (20) _____ et j'en ai mis partout sur les (21) _____.

Monologue suivi

24 Pendant 2 minutes environ, parlez sur ce sujet.
Aidez-vous des photos ci-dessous.

La mer
Aimez-vous la mer ? Pourquoi ? Avec qui y allez-vous et quand ? Que faites-vous sur la plage ?

25 Pendant 2 minutes environ, parlez sur ce sujet.
Aidez-vous des photos ci-dessous.

La campagne
Allez-vous à la campagne et l'aimez-vous ? En quelle saison la préférez-vous et pourquoi ?

26 Pendant 2 minutes environ, parlez sur ce sujet.
Aidez-vous des photos ci-dessous.

La montagne
En quelle saison la préférez-vous ? Pourquoi ? Avec qui y allez-vous ? Comment passez-vous vos journées ou vos soirées ?

Vocabulaire

Les lieux de vacances

La mer : la plage, le sable, les vagues, les rochers, le bateau, les coquillages, les poissons, les oiseaux...
La campagne : le pré, les arbres, les fleurs, la rivière, un lac, un ruisseau... les collines, les sentiers, les animaux...
La montagne : les monts, les torrents, la source, la forêt, les prairies, les sommets...
Adjectifs : reposant, splendide, superbe, enchanteur, enneigé, verdoyant, exceptionnel, surprenant, beau, boisé, agité, bleu, calme, lisse, menaçant, orageux, cultivé, fertile, plat, vert...

Production orale

Exercice en interaction

> **Conseils**
>
> Votre examinateur vous propose 2 sujets. Lisez bien les sujets de l'épreuve avant d'en choisir un. Il s'agit d'un dialogue, avec quelqu'un, sur une situation de la vie quotidienne. Trouvez où se passe la scène ; quel rôle vous devez jouer ; quel est le rôle de celui/celle qui joue l'autre partie ; qui va commencer le dialogue ; quelle attitude vous devez avoir.
> Soyez attentif/ive aux rôles que le sujet impose afin de tutoyer votre interlocuteur dans le cas d'amis ou de personnes proches ou de le vouvoyer dans les autres cas.

1 À deux. Lisez le sujet et jouez la situation pendant 3 ou 4 minutes. Aidez-vous des expressions proposées.

> **Un concert**
> Un/e ami/e veut vous faire profiter d'un billet d'invitation gratuit à un concert de musique.
> Vous acceptez ou vous refusez.
> Votre camarade joue le rôle de la personne qui invite.

Fonctions communicatives

Pour inviter	Accepter	Refuser
• Ça te dit de venir / d'aller...	• Avec joie.	• Je ne peux pas.
• Tu viens... ?	• Avec plaisir.	• Désolé(e) !
• Tu as envie de voir / faire... ?	• Je suis heureux(se) de...	• Je regrette !
• Tu es libre... pour ?	• Volontiers.	• Je ne suis pas disponible.
• Tu fais quoi... pour ?	• D'accord.	• Je voudrais bien mais...
• Et si on va... ?	• C'est une excellente idée !	• Excuse-moi !
• Je vais... Tu veux venir avec moi ?	• Pourquoi pas !	• J'ai quelque chose de prévu.

2 À deux. Lisez le sujet et jouez la situation pendant 3 ou 4 minutes. Aidez-vous du canevas proposé.

> **La montagne**
> Vous téléphonez à votre ami/e pendant les vacances, vous lui proposez de venir avec vous le lendemain à la montagne. Vous lui décrivez le lieu où vous allez.
> Votre camarade joue le rôle de votre ami.

A Vous appelez votre copain au téléphone et vous le saluez.	**B** Vous répondez et saluez.
A Vous proposez de venir avec vous à la montagne.	**B** Vous posez des questions sur le paysage.
A Vous décrivez le paysage.	**B** Vous acceptez la proposition.
A Vous fixez un rendez-vous.	**B** Vous êtes d'accord et vous saluez.
A Vous confirmez et saluez.	

3 À deux. Lisez le sujet et jouez la situation pendant 3 ou 4 minutes.

> **Un message**
> Vous venez de lire sur votre portable un message d'Alex. Vous l'appelez pour accepter ou refuser.
> Votre camarade joue le rôle de la personne qui invite.

> Salut Léo ! Si tu as envie de venir avec moi au ciné, appelle-moi avant 17h30. À plus.

Exercice en interaction

4 À deux. Lisez le sujet et jouez la situation pendant 3 ou 4 minutes. Aidez-vous des informations proposées.

> **Une soirée télé**
> Vous décidez de passer une soirée entre amis. Vous choisissez ensemble une émission de télévision. Vous discutez. Votre camarade joue le rôle de l'ami.

Informations
Genre : Magazine - Découverte
Un été en Suède
Le temps d'un été, Tiga découvre la Suède. Étendues gelées, confortables maisonnettes, forêt primaire, îles rocheuses, folklore viking, sports de plein air. La meilleure période pour visiter la Suède est l'été. En plein mois de juillet, le soleil se lève à 3 heures et se couche à 23 heures.

Informations
Genre : Série - Comédie
Joséphine, ange gardien
Avec : Mimie Mathy, Dounia Coesens, Daniel Cohen-Seat, Kamel Belghazi, Jean-François Dérec, Océane Loison...
Une prof
Joséphine apparaît devant un collège pour aider Fanny, une jeune femme professeur de français qui débute sa carrière. Même si ses collègues la mettent immédiatement en garde, elle est pleine d'idéaux sur ce que doit être son métier. Mais, avec la classe de la 3e B, les problèmes commencent. Lucie, une jeune élève plutôt brillante, vit mal l'intérêt de ses camarades pour Fanny. Joséphine comprend vite que Lucie va tout faire pour compliquer le travail de la jeune femme.

Informations
Genre : sport
Pays de production : Grande-Bretagne.
Résumé
Ce sont les équipes des clubs de Premier League qui vont sur le terrain pour cette première journée du championnat d'Angleterre. L'équipe de Liverpool affronte le Leeds.

5 À deux. Lisez le sujet et jouez la situation pendant 3 ou 4 minutes. Aidez-vous du menu proposé.

> **Déjeuner au restaurant**
> Vous êtes en France et c'est votre anniversaire. Vous fêtez cette journée dans un restaurant avec un ami francophone. Vous ne connaissez pas la cuisine française. On vous apporte le menu.
> Votre ami vous explique les plats. Votre camarade joue le rôle de l'ami.

MENU À 18 €

NOS ENTRÉES
Salade niçoise
Quiche provençale

NOS PLATS
Bifteck frites
Poulet rôti et salade
Saumon avec légumes

NOS DESSERTS
Fromage blanc
Crème brûlée
Glaces et sorbets

Vocabulaire

Les plats et les ingrédients

Salade niçoise : œufs durs, anchois, salade, tomates, olives. **Quiche provençale :** œufs, poivrons, tomates, oignons, thon, herbes de Provence, huile d'olive, fromage râpé. **Crème brûlée :** crème, œufs, lait. **Sorbets :** glaces aux fruits sans lait.
Pour mieux comprendre ce qu'il y a dans un plat, faites attention aux articles contractés. Par exemple : sole *aux* amandes, c'est-à-dire sole *avec des* amandes ; thon *à la* provençale, c'est-à-dire thon préparé *à la* manière provençale ; pommes de terre *au* four, c'est-à-dire pommes de terre *cuites au* four ; assiette *de* crudités, c'est-à-dire un plat à base *de* crudités.

Production orale

6 À deux. Lisez le sujet et jouez la situation pendant 3 ou 4 minutes. Aidez-vous des menus proposés.

Au bistrot
Vous êtes dans un bistrot en France. Vous allez voir quels sont les menus.
Vous retournez à table et vous expliquez à votre ami ce qu'on peut manger et combien ça coûte.
Votre camarade joue le rôle de l'ami.

Menu à 15€

Feuilleté au fromage

Omelette aux fines herbes

Tarte tatin
ou
Salade de fruits

Menu à 20€

Steak tartare

Filet de truite
avec légumes de saison
ou
Bifteck frites et salade

Mousse chocolat
ou
2 boules de glace

Menu à 25€

Salade de poulet
ou
Saumon fumé sur salade

Poulet épicé avec riz
ou
Bifteck frites et salade

Flan aux œufs au caramel
ou
Mousse chocolat

7 À deux. Lisez le sujet et jouez la situation pendant 3 ou 4 minutes. Aidez-vous des affiches proposées.

Dîner entre amis
Vous êtes chargé(e) d'organiser une sortie entre amis. Vous avez retenu ces trois possibilités.
Vous choisissez le lieu avec un/une de vos amies.
Votre camarade joue le rôle de l'ami.

Pizzeria napolitaine

Vaste choix
de pizzas à l'italienne
service excellent
desserts variés
boissons

à partir de 15€

AUBERGE DU SAPIN

Dancing-Buffet froid
à volonté
boissons
musique avec DJ
à partir de 30€

Crêperie bretonne

Crêpes salées
et sucrées

terrasse chauffée
en hiver

accueil chaleureux

prix à la carte

**menu à partir
de 15€**

Exercice en interaction

8 À deux. Lisez le sujet et jouez la situation pendant 3 ou 4 minutes.

Une pâtisserie
Vous êtes invité(e) chez des amis français et vous voulez apporter un gros gâteau ou des petits gâteaux. Vous ne connaissez pas les goûts de vos amis. Le pâtissier vous conseille sur votre choix. Vous demandez les prix.
Votre camarade joue le rôle du pâtissier.

9 À deux. Lisez le sujet et jouez la situation pendant 3 ou 4 minutes.

Le cadeau
Vous séjournez chez votre correspondant belge. C'est son anniversaire, vous lui avez acheté une montre connectée qu'il a déjà. Vous allez au magasin et vous demandez au vendeur si vous pouvez la changer avec un autre article.
Votre camarade joue le rôle du vendeur.

10 À deux. Lisez le sujet et jouez la situation pendant 3 ou 4 minutes. Aidez-vous du vocabulaire proposé.

L'hôtel
Vous partez en France avec vos parents pour un week-end. Vous téléphonez à un hôtel pour réserver et pour demander des précisions sur les chambres, le prix, la distance du centre-ville…
Votre camarade joue le rôle du réceptionniste.

Vocabulaire

La chambre d'hôtel

- le lit
- le téléphone
- les produits de bain
- la poubelle
- les serviettes
- le tapis
- la lampe
- le rideau
- l'oreiller
- le drap
- le dessus de lit
- la table de nuit
- la couette

Production orale

11 À deux. Lisez le sujet et jouez la situation pendant 3 ou 4 minutes.

Les études
Votre correspondant doit faire un exposé sur l'enseignement secondaire de votre pays. Il vous questionne sur les matières enseignées, la durée des études et les examens.
Votre camarade joue le rôle du correspondant.

Le saviez-vous ?

Le système scolaire en France
Depuis 1882, l'école en France est **gratuite**, **obligatoire** et **laïque**. L'idée de Jules Ferry était à l'époque de développer les idées républicaines dans les régions de France les plus isolées. La laïcité de l'école, loin donc des doctrines religieuses, permet de jouir d'une liberté de conscience indispensable à l'esprit républicain. L'école de la République est obligatoire de 6 à 16 ans, mais les enfants peuvent rentrer en maternelle à 3 ans et cela est même conseillé.

Les examens
Le **brevet des collèges** est un diplôme qui atteste des connaissances acquises jusqu'à la fin du collège. Pour l'obtenir, les élèves doivent passer des examens à l'écrit en français, mathématiques et histoire-géo. Mais le brevet n'est pas indispensable pour passer au lycée.
Le **baccalauréat** est un diplôme qui atteste des connaissances acquises jusqu'à la fin du lycée. Il peut être *général*, *technologique* ou *professionnel*. Il est obligatoire d'avoir ce diplôme pour poursuivre des études supérieures.

Les notes 20/20
En France, les élèves de l'école primaire sont souvent notés sur 10. Ensuite, à partir du collège, les notes sont sur 20. Ce système de notation est unique au monde : les Anglo-Saxons donnent des lettres, les Allemands mettent des notes de 1 à 16 et les Japonais des notes sur 100.

L'enseignement primaire

École maternelle (3-5 ans)
Les élèves sont des **écoliers**.

École élémentaire (6-10 ans)
CP Cours Préparatoire
CE1 Cours Élémentaire 1ère année
CE2 Cours Élémentaire 2e année
CM1 Cours Moyen 1ère année
CM2 Cours Moyen 2e année
Les élèves sont des **écoliers du primaire**.

L'enseignement secondaire

Collège (11-14 ans)
sixième
cinquième
quatrième
troisième
Les élèves sont des **collégiens**.

Lycée (15-17 ans)
seconde
première
terminale
Les élèves sont des **lycéens**.

12 À deux. Lisez le sujet et jouez la situation pendant 3 ou 4 minutes.

Le métier
Vous voulez devenir professeur. Vous demandez conseil à votre professeur de français. Vous lui dites la matière que vous voulez enseigner plus tard et pourquoi.
Votre camarade joue le rôle du professeur.

13 À deux. Lisez le sujet et jouez la situation pendant 3 ou 4 minutes.

Les devoirs
Vous êtes en France pour un cours de langue. Un ami étranger de votre classe est absent pour maladie. Vous allez le voir pour lui expliquer quels sont les devoirs à faire.
Votre camarade joue le rôle de l'ami absent.

Exercice en interaction

14 À deux. Lisez le sujet et jouez la situation pendant 3 ou 4 minutes.
Aidez-vous des annonces proposées.

Location d'un studio
Vous devez suivre des études dans une ville loin de chez vous. Vous cherchez un logement. Vous allez dans une agence immobilière. L'employé vous pose des questions et vous dites ce que vous cherchez.
Votre camarade joue le rôle de l'employé.

Logement étudiant à Poitiers
Location de 2 Studios meublés dans une résidence étudiante à proximité des écoles et facultés. Studios de 18 m² (270€ loyer) et de 30 m² (loyer 347.50€) à louer. Les studios sont meublés avec un lit, un bureau, une table et des chaises, une cuisine équipée et une salle de bains. À proximité, des transports en commun et un supermarché. Mode de chauffage : électrique. Internet compris dans le loyer.

Logement étudiant proche de Poitiers
Logement étudiant de qualité disposant de nombreux services sur place : laverie et parking. Le studio avec une superficie 30 m² (loyer de 400 €) dispose d'une entrée, cuisine équipée (évier inox, plaque 2 feux, hotte, réfrigérateur, table, chaises, meubles hauts et bas), séjour avec canapé lit, salle d'eau aménagée avec WC, placards.
Chauffage électrique + Internet compris.

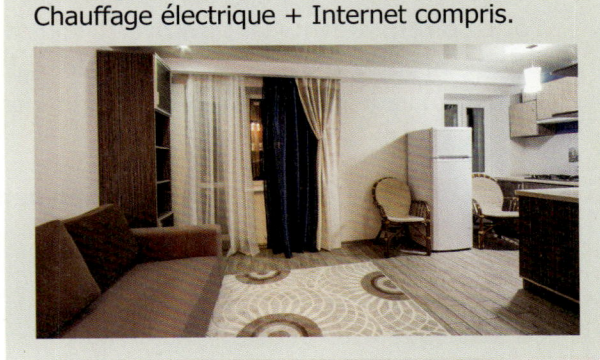

15 À deux. Lisez le sujet et jouez la situation pendant 3 ou 4 minutes.

Fête d'anniversaire
Vous êtes en séjour linguistique en France. Samedi, c'est l'anniversaire d'un copain. Vous avez décidé d'organiser une fête à thème pour l'occasion. Vous en parlez au responsable de classe. Vous discutez du lieu, de l'heure, du cadeau, des invités et de ce que vous ferez au cours de la fête.
Votre camarade joue le rôle de votre responsable de classe.

Vocabulaire

Les cotillons

- Bougies fontaines d'artifice
- Serpentins
- Boules en papier cotillons
- Sarbacanes

Production orale

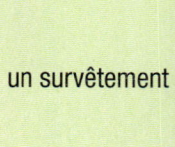

16 À deux. Lisez le sujet et jouez la situation pendant 3 ou 4 minutes.
Aidez-vous du vocabulaire proposé.

Tenue vestimentaire
Tu dois assister à une cérémonie avec tes parents. Ta mère trouve que le vêtement que tu mets ne convient pas pour l'occasion. Vous discutez.
Votre camarade joue le rôle de la mère.

Vocabulaire

Les vêtements
- Vêtement trop court
- Vêtement trop décolleté
- Déjà porté
- Robe trop ordinaire
- Pantalon serré
- Couleur voyante

17 À deux. Lisez le sujet et jouez la situation pendant 3 ou 4 minutes.

Le sport
Votre correspondant vient d'arriver. Il vous pose des questions sur le sport que vous pratiquez, les raisons de votre choix, le lieu où vous le pratiquez et l'équipement nécessaire.
Votre camarade joue le rôle du correspondant.

18 À deux. Lisez le sujet et jouez la situation pendant 3 ou 4 minutes.

La perte d'un objet
Vous êtes au secrétariat du gymnase que vous fréquentez deux fois par semaine. Vous avez oublié votre portable dans le vestiaire. Vous le décrivez et vous demandez s'il a été retrouvé.
Votre camarade joue le rôle du standardiste.

19 À deux. Lisez le sujet et jouez la situation pendant 3 ou 4 minutes.

Le cadeau
Vous discutez avec votre sœur / frère du cadeau que vous allez faire à votre mère.
Votre camarade joue le rôle de votre sœur / frère.

un foulard

un sac à main

un survêtement

Exercice en interaction

20 À deux. Lisez le sujet et jouez la situation pendant 3 ou 4 minutes.
Aidez-vous du vocabulaire proposé.

Visite d'un ami
Vous recevez chez vous un ami francophone qui ne connaît pas votre ville. Vous lui proposez une visite de la ville. Vous vous mettez d'accord sur le programme d'activités.
Votre camarade joue le rôle de l'ami francophone.

Vocabulaire

Les monuments

la galerie d'art	le pont	le jet d'eau	la bibliothèque	le monument
le musée	le parc	la rue piétonne	le centre commercial	le stade
le théâtre	l'Office de Tourisme	l'amphithéâtre	l'arc	le site archéologique	le château
l'obélisque	le palais	les murs de la ville	la tour	le manoir	la statue

21 À deux. Lisez le sujet et jouez la situation pendant 3 ou 4 minutes.

Journée à la campagne
Vous voulez organiser une journée à la campagne ce dimanche avec un ami francophone.
Vous rencontrez votre ami pour lui donner des détails sur l'organisation de cette journée.
Vous choisissez ensemble le lieu, l'heure et ce qu'il faut apporter.
Votre camarade joue le rôle de l'ami francophone.

22 À deux. Lisez le sujet et jouez la situation pendant 3 ou 4 minutes.

Rendez-vous
Vous avez besoin d'un dentiste pour régler votre appareil dentaire. Vous téléphonez une première fois pour prendre rendez-vous. Vous rappelez quelques heures après pour reporter ce rendez-vous suite à un imprévu.
Votre camarade joue le rôle du secrétaire du cabinet dentaire.

L'examen

Comment se déroule votre épreuve du DELF ?

Avant l'examen
Un appel sera fait et vous devrez présenter votre pièce d'identité pour avoir accès à la salle d'examen.
Dans certains centres, vous pourrez devoir chercher votre nom sur une liste de candidats qui sera affichée et qui vous indiquera la salle. Éviter de demander à quitter la salle en cours d'examen. Cela pourra vous être accordé en cas de demande pressante mais vous serez accompagné par un surveillant. Les portables ne sont pas admis et toute tentative de fraude sera sanctionnée par l'exclusion.
Après avoir pris place dans la salle d'examen et retrouvé le silence nécessaire à une bonne concentration, le surveillant distribue les sujets. On vous demandera de contrôler le nombre de pages que vous avez reçu et de reporter votre nom, prénom et code de candidat sur la première feuille.
On vous montrera comment rabattre la partie confidentielle afin de préserver votre anonymat au moment de la correction. Vous ne pourrez pas consulter de dictionnaire, ni de cahiers ou de manuels de préparation qui ne seront pas admis. Sachez que, jusqu'à la fin du temps accordé, vous n'aurez pas le droit de quitter votre place même si vous avez terminé votre épreuve.
Vérifiez à avoir avec vous un stylo à bille, un crayon et une gomme.

Pendant l'examen
Un surveillant passera auprès de vous, contrôlera votre pièce d'identité et vous fera signer une feuille de présence. Un brouillon vous sera donné mais seule l'épreuve officielle sera corrigée.
Vous devrez donc veiller à recopier soigneusement.
La feuille de brouillon vous sera retirée.
Vous commencerez par la **compréhension orale**.
Pour répondre préférez le crayon. Vous aurez quelques minutes pour repasser vos réponses au stylo à bille, cela dans le but d'éviter des ratures. L'emploi du correcteur est à éviter.
Après cette épreuve on décomptera le temps, c'est-à-dire 1 heure 15 pour faire la **compréhension des écrits** et la **production écrite**.

L'épreuve individuelle
Vous recevrez une convocation. L'épreuve individuelle pourra avoir lieu le même jour que les épreuves collectives ou alors un autre jour selon la disponibilité des examinateurs et le nombre de candidats à évaluer. Vous devrez signer une feuille de présence et l'examinateur vous expliquera le déroulement de l'épreuve.
Vous respecterez le temps de préparation et vous prendrez des notes que vous pourrez consulter pendant votre examen. À la fin de l'épreuve, l'examinateur reprendra tous les documents.

Le diplôme
Il vous sera remis après le temps nécessaire à la correction des écrits et aux formalités bureaucratiques. Vous devrez le conserver avec soin et reprendre le même numéro d'inscription pour des épreuves de niveau supérieur que vous pourrez vous engager à soutenir dans l'avenir.

L'examen

ÉPREUVES COLLECTIVES	DURÉE	NOTE SUR
1 Compréhension de l'oral Réponse à des questionnaires de compréhension portant sur plusieurs courts documents enregistrés ayant trait à des situations de la vie quotidienne (deux écoutes). *Durée maximale des documents : 5 minutes*	25 minutes environ	/25
2 Compréhension des écrits Réponse à des questionnaires de compréhension portant sur plusieurs courts documents écrits ayant trait à des situations de la vie quotidienne.	30 minutes	/25
3 Production écrite Rédaction de 2 brèves productions écrites (lettre amicale ou message) : • décrire un événement ou des expériences personnelles ; • écrire pour inviter, remercier, s'excuser, demander, informer, féliciter…	45 minutes	/25

ÉPREUVE INDIVIDUELLE	DURÉE	NOTE SUR
4 Production orale Épreuve en trois parties : • entretien dirigé ; • monologue suivi ; • exercice en interaction.	6 à 8 minutes *Préparation : 10 minutes*	/25

Seuil de réussite pour obtenir le diplôme : 50/100
Note minimale requise par épreuve : 5/25
Durée totale des épreuves collectives : 1 heure 40 minutes

NOTE TOTALE /100

CODE CANDIDAT ☐☐☐☐☐☐ – ☐☐☐☐☐☐

Nom: ....
Prénom: ....

L'examen

GRILLE D'ÉVALUATION DE LA PRODUCTION ÉCRITE NIVEAU A2 DU CECR

1 EXERCICE 1 — *13 points*

Respect de la consigne Peut mettre en adéquation sa production avec la situation proposée. Peut respecter la consigne de longueur minimale indiquée.*	0	0,5	1						
Capacité à raconter et à décrire Peut décrire de manière simple des aspects quotidiens de son environnement (gens, choses, lieux) et des événements, des activités passées, des expériences personnelles.	0	0,5	1	1,5	2	2,5	3	3,5	4
Capacité à donner ses impressions Peut communiquer sommairement ses impressions, expliquer pourquoi une chose plaît ou déplaît.	0	0,5	1	1,5	2				
Lexique / orthographe lexicale Peut utiliser un répertoire élémentaire de mots et d'expressions relatifs à la situation proposée. Peut écrire avec une relative exactitude phonétique mais pas forcément orthographique.	0	0,5	1	1,5	2				
Morphosyntaxe / orthographe grammaticale Peut utiliser des structures et des formes grammaticales simples relatives à la situation donnée mais commet encore systématiquement des erreurs élémentaires.	0	0,5	1	1,5	2	2,5			
Cohérence et cohésion Peut produire un texte simple et cohérent. Peut relier des énoncés avec les articulations les plus fréquentes.	0	0,5	1	1,5					

2 EXERCICE 2 — *12 points*

Respect de la consigne Peut mettre en adéquation sa production avec la situation proposée. Peut respecter la consigne de longueur minimale indiquée.*	0	0,5	1						
Correction sociolinguistique Peut utiliser les registres de langue en adéquation avec le destinataire et le contexte. Peut utiliser les formes courantes de l'accueil et de la prise de congé.	0	0,5	1						
Capacité à interagir Peut écrire une lettre personnelle simple pour exprimer remerciements, excuses, propositions etc.	0	0,5	1	1,5	2	2,5	3	3,5	4
Lexique / orthographe lexicale Peut utiliser un répertoire élémentaire de mots et d'expressions relatifs à la situation proposée. Peut écrire avec une relative exactitude phonétique mais pas forcément orthographique.	0	0,5	1	1,5	2				
Morphosyntaxe / orthographe grammaticale Peut utiliser des structures et des formes grammaticales simples relatives à la situation donnée mais commet encore systématiquement des erreurs élémentaires.	0	0,5	1	1,5	2	2,5			
Cohérence et cohésion Peut produire un texte simple et cohérent. Peut relier des énoncés avec les articulations les plus fréquentes.	0	0,5	1	1,5					

* Si la production fait 53 mots ou moins, on attribuera 0 point sur 0,5 au critère de longueur.

L'examen

GRILLE D'ÉVALUATION DE LA PRODUCTION ORALE NIVEAU A2 DU CECR

1 ENTRETIEN DIRIGÉ
1 minute 30 environ

Peut établir un contact social, se présenter et décrire son environnement familier.	0	0,5	1	1,5	2	2,5	3
Peut répondre et réagir à des questions simples. Peut gérer une interaction simple.	0	0,5	1				

2 MONOLOGUE SUIVI
2 minutes environ

Peut présenter de manière simple un événement, une activité, un projet, un lieu etc. liés à un contexte familier.	0	0,5	1	1,5	2	2,5	3
Peut relier entre elles les informations apportées de manière simple et claire.	0	0,5	1	1,5	2		

3 EXERCICE EN INTERACTION
3 à 4 minutes

Peut demander et donner des informations dans des transactions simples de la vie quotidienne. Peut faire, accepter ou refuser des propositions.	0	0,5	1	1,5	2	2,5	3	3,5	4
Peut entrer dans des relations sociales simplement mais efficacement, en utilisant les expressions courantes et en suivant les usages de base.	0	0,5	1	1,5	2				

POUR L'ENSEMBLE DES 3 PARTIES DE L'ÉPREUVE

Lexique (étendue et maîtrise) Peut utiliser un répertoire limité mais adéquat pour gérer des situations courantes de la vie quotidienne.	0	0,5	1	1,5	2	2,5	3		
Morphosyntaxe Peut utiliser des structures et des formes grammaticales simples. Le sens général reste clair malgré la présence systématique d'erreurs élémentaires.	0	0,5	1	1,5	2	2,5	3	3,5	4
Maîtrise du système phonologique Peut s'exprimer de façon suffisamment claire. L'interlocuteur devra parfois faire répéter.	0	0,5	1	1,5	2	2,5	3		

L'examen

Épreuve 1

1 🔊43 Compréhension de l'oral   25 points

Vous allez écouter plusieurs documents. Il y a 2 écoutes.
Avant chaque écoute, vous entendez le son suivant : 🔊.
Dans les exercices 1, 2 et 3, pour répondre aux questions, cochez (☒) la bonne réponse.

EXERCICE 1   *6 points*
Vous écoutez des annonces publiques.

DOCUMENT 1

Lisez la question. Écoutez le document puis répondez.

1 Qu'est-ce qui est moins cher aujourd'hui ?   *1 point*

A  ☐   B  ☐   C ☐

DOCUMENT 2

Lisez la question. Écoutez le document puis répondez.

2 Comment vous reconnaissez le personnel du magasin ?   *1 point*

A  ☐   B  ☐   C ☐

DOCUMENT 3

Lisez la question. Écoutez le document puis répondez.

3 Pour combien de temps avez-vous ces avantages ?   *1 point*
   A ☐ Un mois.   B ☐ Une semaine.   C ☐ Une journée.

Épreuve 1

DOCUMENT 4

Lisez la question. Écoutez le document puis répondez.

4 Le magasin vous propose… *1 point*

A ☐ d'écouter. B ☐ de lire. C ☐ d'acheter.

DOCUMENT 5

Lisez la question. Écoutez le document puis répondez.

5 Il est interdit d'apporter votre téléphone… *1 point*

A ☐ dans le vestiaire. B ☐ dans la salle fitness. C ☐ à l'accueil.

DOCUMENT 6

Lisez la question. Écoutez le document puis répondez.

6 Qu'est-ce que vous devez faire ? *1 point*

A ☐   B ☐   C ☐

L'examen

EXERCICE 2 *6 points*
Vous écoutez la radio.

DOCUMENT 1
Lisez les questions. Écoutez le document puis répondez.

1. Qui fête-t-on demain ? *1 point*
   - A ☐ Les grands-mères.
   - B ☐ Les femmes.
   - C ☐ Les mères.

2. Que conseille-t-on ? *1 point*
   - A ☐ D'acheter un cadeau.
   - B ☐ De dire « Bonne fête maman ».
   - C ☐ D'organiser une sortie.

DOCUMENT 2
Lisez les questions. Écoutez le document puis répondez.

3. De quel repas parle le journaliste ? *1 point*

   A ☐   B ☐   C ☐

4. À qui va être distribué le repas ? *1 point*
   - A ☐ Aux collégiens.
   - B ☐ Aux lycéens.
   - C ☐ Aux écoliers.

DOCUMENT 3
Lisez les questions. Écoutez le document puis répondez.

5. Quel animal est-on libre d'avoir à la maison ? *1 point*

   A ☐   B ☐   C ☐

6. Pour adopter un animal particulier il faut… *1 point*
   - A ☐ un diplôme.
   - B ☐ un carnet de santé.
   - C ☐ le pédigrée.

Épreuve 1

EXERCICE 3
6 points

**Vous écoutez ce message sur votre répondeur téléphonique.
Lisez les questions. Écoutez le document puis répondez.**

1. Que ne peut pas faire Hugo à 11h00 ? *1 point*
   - A ☐ Téléphoner.
   - B ☐ Aller au restaurant.
   - C ☐ Envoyer un mail.

2. Que doit-il réserver ? *1 point*

   A ☐   B ☐   C ☐

3. Quel événement fête-il ? *1 point*
   - A ☐ La Saint-Valentin.
   - B ☐ Un anniversaire.
   - C ☐ La réussite à l'examen.

4. Que demande-t-il de mettre sur la table ? *1 point*

   A ☐   B ☐   C ☐

5. Que vont-ils prendre comme dessert ? *1 point*
   - A ☐ Un gâteau.
   - B ☐ Une glace.
   - C ☐ Une crème brulée.

6. Hugo demande… *1 point*
   - A ☐ une confirmation.
   - B ☐ un rendez-vous.
   - C ☐ une information.

EXERCICE 4
7 points

**Vous écoutez 4 dialogues. Cochez (☒) pour associer chaque dialogue à la situation correspondante.
Attention : il y a 6 situations mais seulement 4 dialogues.**

Lisez les situations. Écoutez les dialogues puis répondez.

	A Inviter quelqu'un	B Demander un service	C Demander un conseil	D Refuser quelque chose	E Se renseigner sur les horaires	F S'infomer sur les transports	
1 Dialogue 1	☐	☐	☐	☐	☐	☐	*1 point*
2 Dialogue 2	☐	☐	☐	☐	☐	☐	*2 points*
3 Dialogue 3	☐	☐	☐	☐	☐	☐	*2 points*
4 Dialogue 4	☐	☐	☐	☐	☐	☐	*2 points*

L'examen

2 Compréhension des écrits — 25 points

EXERCICE 1 — 6 points

Vous voulez partir en vacances avec vos amis. Vous lisez ces annonces.

DOCUMENT 1
Camper sur la **côte d'Argent** entre forêt et océan, 12 km de plages, 40 km de randonnées pédestres et 300 km de pistes cyclables.

DOCUMENT 2
Camping sur l'**île de Ré** offre de nombreux loisirs et animations : minigolf, terrain multisports, tennis de table, balades, soirées animées.

DOCUMENT 3
En **Vendée** riche de faune et de flore. Camping pour adolescents avec activités adaptées. Espace aquatique avec piscine couverte chauffée. Terrain multisports.

DOCUMENT 4
Camping en **Gironde** entre forêt et océan dans station balnéaire. Animations : chasse au trésor, balades pédestres, initiation au volley ball, fléchettes, karakoé.

DOCUMENT 5
Camping entre plages et dunes de sable blanc près du Parc naturel régional des **Landes de Gascogne**. Sports nautiques et pêche dans l'océan.

DOCUMENT 6
Camping-mini ferme, tout près de l'océan et de la **forêt landaise**. Un cadre de vacances séduisant pour vous permettre de pratiquer l'équitation.

Quelle annonce peut intéresser vos amis ?
Attention : il y a 8 personnes mais seulement 6 documents (2 personnes ne sont associées à aucun document).
Cochez (☒) une seule case pour chaque document.

Personnes	Document 1 (1 point)	Document 2 (1 point)	Document 3 (1 point)	Document 4 (1 point)	Document 5 (1 point)	Document 6 (1 point)
A Patrick n'aime pas l'eau froide de l'océan.	☐	☐	☐	☐	☐	☐
B Roland adore faire du vélo.	☐	☐	☐	☐	☐	☐
C Marine aime chanter.	☐	☐	☐	☐	☐	☐
D Léopold est très patient et adore pêcher.	☐	☐	☐	☐	☐	☐
E Alexandre pratique de nombreux sports.	☐	☐	☐	☐	☐	☐
F Laure veut prendre des cours de natation en méditerranée.	☐	☐	☐	☐	☐	☐
G Luc est moniteur dans un club d'équitation.	☐	☐	☐	☐	☐	☐
H Barbara veut découvrir la trottinette.	☐	☐	☐	☐	☐	☐

Épreuve 1

EXERCICE 2
Les vacances approchent et Justine veut vous inviter. Vous recevez cette lettre.

6 points

> Chère Angelika,
> Bientôt les vacances scolaires de printemps ! J'attends ces journées avec impatience pour pouvoir me lever tard le matin, ne pas aller en cours et me reposer avant de passer le brevet de collège. L'examen écrit a lieu le 25 juin et l'oral les jours d'après. Je t'invite à venir passer ces vacances chez moi. À l'occasion des fêtes les bureaux de la ville organisent la chasse aux œufs dans le parc du village. C'est une tradition très amusante. Nous allons dans un parc chercher de vrais œufs de poules placés dans de l'herbe ou sous des feuilles mortes. Avec les œufs nous pouvons faire des crêpes ou un gâteau aux fraises.
> Je suis certaine que tu vas t'amuser. Réponds-moi vite et réserve ta place dans le train.
> Je t'embrasse.
> Justine

Pour répondre aux questions, cochez (☒) la bonne réponse.

1 Justine est… *1 point*
- A ☐ en forme.
- B ☐ fatiguée.
- C ☐ malade.

2 Qui organise la chasse aux œufs ? *1 point*
- A ☐ L'école.
- B ☐ La mairie.
- C ☐ La préfecture.

3 On cherche… *1 point*
- A ☐ des œufs véritables.
- B ☐ des œufs en chocolat.
- C ☐ des œufs en plastique.

4 Les œufs se trouvent… *1 point*

A ☐ B ☐ C ☐

5 Justine veut préparer… *1 point*

A ☐ B ☐ C ☐

6 On vous propose de venir par… *1 point*
- A ☐ avion.
- B ☐ autobus.
- C ☐ chemin de fer.

L'examen

EXERCICE 3 *6 points*

Vous devez partir.
Vous lisez ces documents. Pour répondre aux questions, cochez (☒) la bonne réponse.

DOCUMENT 1

Règles à respecter pour prendre l'avion

Avant de s'embarquer pour un voyage :
- Vérifier votre passeport.
- S'enregistrer en ligne.
- Choisir le siège.
- Imprimer la carte d'embarquement.
- Vérifier la taille de la valise.
- Préparer la valise et la peser.
- Attacher un tissu vif pour reconnaître la valise.
- Préparer le bagage à main.
- Arriver à l'aéroport au moins deux heures avant le vol.
- Passer les contrôles de sécurité.
- Aller à la porte d'embarquement.

1 À l'arrivée, pour trouver immédiatement votre valise, vous devez… *1 point*
  A ☐ mettre une bande colorée.   B ☐ utiliser une valise colorée.   C ☐ coller une étiquette.

2 Avant de passer les contrôles de sécurité, vous devez… *1 point*
  A ☐ choisir votre place.   B ☐ aller dans une salle.   C ☐ monter dans l'avion.

DOCUMENT 2

Régis,
Tu pars en avion pour la première fois, voici des instructions pour les contrôles de sécurité. Prends en main ta carte d'embarquement et ton passeport. Prépare chez toi un sachet en plastique pour mettre shampoing, liquide pour tes lentilles de contact… Sors de ton bagage à main ta tablette, n'oublie pas d'enlever ceinture, montre et chaussures et même ta veste à mettre dans un bac en plastique.
Bon voyage.
Luc

3 Pour le contrôle tu dois avoir les documents préparés… *1 point*
  A ☐ à imprimer.   B ☐ à la main.   C ☐ à mettre dans la valise.

4 Les accessoires et les vêtements que tu enlèves, tu les mets dans… *1 point*
  A ☐ ton bagage à main.   B ☐ ton sac en cuir.   C ☐ un bac en plastique.

DOCUMENT 3

Mode d'emploi pour la serrure de votre valise

Le code de la serrure par défaut est 0-0-0.
Mettez la serrure sur la combinaison 0-0-0.
Pour personnaliser le code :
- Appuyez sur le bouton avec la pointe d'un stylo, vous entendez un « clic », mettez alors votre code.
- Poussez sur le bouton, quand vous entendez « clic » vous avez enregistré votre code.

Écrivez votre combinaison personnelle pour la retrouver et ouvrir la valise.

5 Ce mode d'emploi vous permet d'enregistrer…   *1 point*
    A ☐ des chiffres personnels.   B ☐ ton numéro de téléphone.   C ☐ ta date de naissance.

6 Pour ouvrir la valise vous devez…   *1 point*
    A ☐ changer le code.   B ☐ enregistrer le code.   C ☐ utiliser un stylo.

EXERCICE 4   *7 points*
Vous lisez cet article de journal.

La conduite accompagnée

Cette formule de conduite est adoptée par environ 30 % de candidats et est accessible dès 15 ans. La formation initiale est la même que pour le permis classique : 20 heures de conduite au sein d'une auto-école pour pouvoir présenter au Code, l'épreuve théorique. En cas de réussite l'auto-école délivre au jeune conducteur une attestation qui lui permet de conduire aux côtés d'une personne expérimentée.

La période de conduite accompagnée doit être d'un an minimum. L'accompagnateur doit être titulaire du permis depuis au moins cinq ans sans interruption. La voiture doit être équipée de deux rétroviseurs latéraux et d'un disque à l'arrière signalant la présence du jeune conducteur. Le principal avantage de cette formule est le meilleur taux de réussite à l'examen de permis de conduire comparé à la formule classique.

Pour répondre aux questions, cochez (☒) la bonne réponse.

1 Cet article parle de la conduite…   *1 point*
    A ☐ d'une mobylette.   B ☐ d'une moto.   C ☐ d'une voiture.

2 La conduite accompagnée n'est pas pratiquée par…   *2 points*
    A ☐ 70 % des jeunes.   B ☐ 30 % des jeunes.   C ☐ 20 % des jeunes.

3 La formation initiale comporte…   *1 point*
    A ☐ 20 heures de théorie.   B ☐ 20 heures de conduite.   C ☐ 20 heures de théorie et de conduite.

4 Le jeune conducteur peut être seul au volant.   *1 point*
    Vrai ☐   Faux ☐

5 L'accompagnateur doit avoir son permis depuis 1 an.   *1 point*
    Vrai ☐   Faux ☐

6 Pour pouvoir conduire le jeune doit…   *1 point*
    A ☐ réussir l'épreuve théorique.   B ☐ ne passer aucune épreuve.   C ☐ être en possession d'une épreuve pratique.

L'examen

3 Production écrite — 25 points

EXERCICE 1 — 13 points

Vous participez à un forum en français sur Internet sur le thème « Les vacances des ados ».
Vous racontez votre expérience personnelle et donnez votre opinion.

60 mots minimum

FORUM
Les vacances des ados

Nombre de mots : ....

EXERCICE 2
12 points

Vous avez reçu cette carte d'invitation.

> MAINTENANT QUE J'AI MON PERMIS DE CONDUIRE
>
> JE VOUS INVITE CHEZ MOI SAMEDI 23 MAI À 16H00 POUR FÊTER CETTE RÉUSSITE !

Vous répondez à votre amie pour la féliciter et accepter son invitation. Vous posez des questions sur l'après-midi, sur votre tenue vestimentaire et ce que vous devez apporter.

60 mots minimum

Nombre de mots : ....

L'examen

4 Production orale
25 points

Préparation : 10 minutes　　　**Passation : de 6 à 8 minutes**

Déroulement de l'épreuve
L'épreuve comporte trois parties. Avant le début de l'épreuve, vous tirez au sort deux sujets pour la partie 2 et deux sujets pour la partie 3. Vous en choisissez un de chaque. Ensuite, vous disposez de 10 minutes pour préparer ces deux parties. Lors de la passation, les trois parties s'enchaînent.

1 Entretien Dirigé sans préparation
1 minute 30 environ

Vous saluez votre examinateur et vous vous présentez.
Vous parlez de vous, de votre famille, de vos études, de vos goûts etc.
L'examinateur peut ensuite vous poser des questions complémentaires.

2 Monologue suivi avec préparation
2 minutes environ

Vous tirez au sort deux sujets et vous en choisissez un.
Vous vous exprimez sur le sujet.
L'examinateur peut ensuite vous poser des questions complémentaires.

Internet

Combien de temps passez-vous sur Internet ? Pourquoi l'utilisez-vous (recherches scolaires, vie privée…) ?
Utilisez-vous des réseaux sociaux ? Lesquels ? Expliquez.

Le film

Quels sont vos genres de films préférés ? Les regardez-vous à la télévision ou au cinéma ? Avec qui ?
Quel film avez-vous vu plus d'une fois ? Expliquez.

Épreuve 1

3 Exercice en interaction avec préparation

3 à 4 minutes environ

Vous tirez au sort deux sujets et vous en choisissez un.
Vous simulez un dialogue avec l'examinateur afin de résoudre une situation de la vie quotidienne.
Vous montrez que vous êtes capable de saluer et d'utiliser les règles de politesse.

À la gare

Vous êtes en vacances en France. Vous devez acheter un billet de train pour aller à Londres avec vos parents. Vous vous rendez à la gare au guichet et vous donnez toutes les précisions nécessaires à l'agent.
L'examinateur joue le rôle de l'agent.

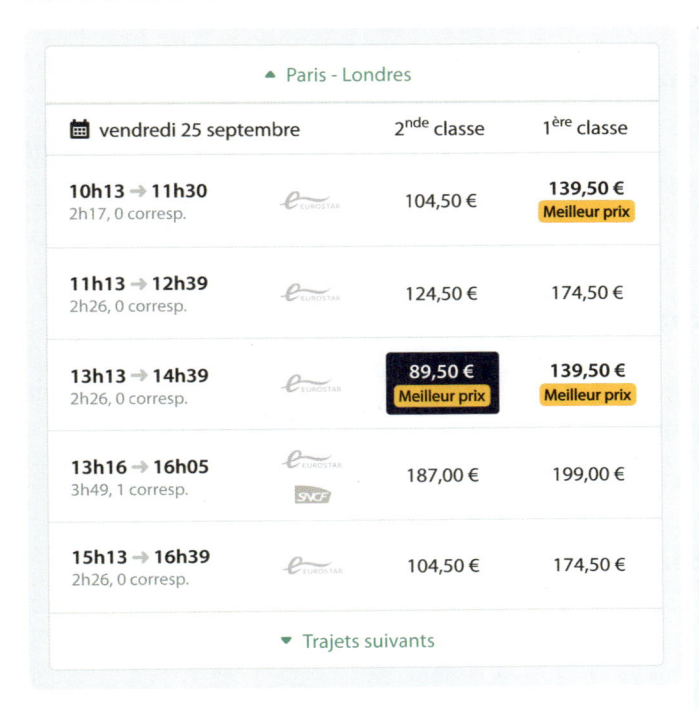

▲ Paris - Londres

vendredi 25 septembre		2ⁿᵈᵉ classe	1ᵉʳᵉ classe
10h13 → 11h30 2h17, 0 corresp.	eurostar	104,50 €	139,50 € **Meilleur prix**
11h13 → 12h39 2h26, 0 corresp.	eurostar	124,50 €	174,50 €
13h13 → 14h39 2h26, 0 corresp.	eurostar	**89,50 €** **Meilleur prix**	139,50 € **Meilleur prix**
13h16 → 16h05 3h49, 1 corresp.	eurostar / SNCF	187,00 €	199,00 €
15h13 → 16h39 2h26, 0 corresp.	eurostar	104,50 €	174,50 €

▼ Trajets suivants

▲ Londres - Paris

mercredi 30 septembre		2ⁿᵈᵉ classe	1ᵉʳᵉ classe
10h24 → 13h47 2h23, 0 corresp.	eurostar	**89,50 €**	139,50 €
11h04 → 15h44 3h40, 1 corresp.	eurostar / SNCF	132,00 €	171,50 €
12h24 → 15h47 2h23, 0 corresp.	eurostar	89,50 €	139,50 €
jeudi 01 octobre		2ⁿᵈᵉ classe	1ᵉʳᵉ classe
07h55 → 11h17 2h22, 0 corresp.	eurostar	74,50 €	119,50 € **Meilleur prix**
10h24 → 13h47 2h23, 0 corresp.	eurostar	59,50 € **Meilleur prix**	119,50 € **Meilleur prix**
11h04 → 15h44 3h40, 1 corresp.	eurostar / SNCF	117,00 €	154,50 €

▼ Trajets suivants

L'animal retrouvé

Vous avez trouvé un chat avec un collier qui porte un numéro de téléphone. Vous téléphonez à ce numéro et vous décrivez l'animal. Vous donnez votre adresse et vous dites comment faire pour arriver chez vous.
L'examinateur joue le rôle du propriétaire du chat.

L'examen

Épreuve 2

1 🔊 44 **Compréhension de l'oral** *25 points*

Vous allez écouter plusieurs documents. Il y a 2 écoutes.
Avant chaque écoute, vous entendez le son suivant : 🔊.
Dans les exercices 1, 2 et 3, pour répondre aux questions, cochez (☒) la bonne réponse.

EXERCICE 1 *6 points*
Vous écoutez des annonces publiques.

DOCUMENT 1
Lisez la question. Écoutez le document puis répondez.

1 Qu'est-ce que vous allez faire ? *1 point*
 A ☐ Visiter. B ☐ Manger. C ☐ Danser.

DOCUMENT 2
Lisez la question. Écoutez le document puis répondez.

2 Que devez-vous faire ? *1 point*
 A ☐ Relever votre fauteuil. B ☐ Quitter le fauteuil. C ☐ Abaisser votre fauteuil.

DOCUMENT 3
Lisez la question. Écoutez le document puis répondez.

3 Que mettez-vous pour cette exposition ? *1 point*

A ☐ B ☐ C ☐

DOCUMENT 4
Lisez la question. Écoutez le document puis répondez.

4 Que pouvez-vous faire ? *1 point*
 A ☐ Regarder la ville. B ☐ Visiter la ville. C ☐ Décrire la ville.

Épreuve 2

DOCUMENT 5
Lisez la question. Écoutez le document puis répondez.

5 Qu'est-ce qui est interdit ? *1 point*

A  ☐   B  ☐   C ☐

DOCUMENT 6
Lisez la question. Écoutez le document puis répondez.

6 Que devez-vous faire pour participer ? *1 point*

A  ☐   B  ☐   C ☐

EXERCICE 2 *6 points*
Vous écoutez la radio.

DOCUMENT 1
Lisez les questions. Écoutez le document puis répondez.

1 Comment les jeunes passent-ils leur temps ? *1 point*

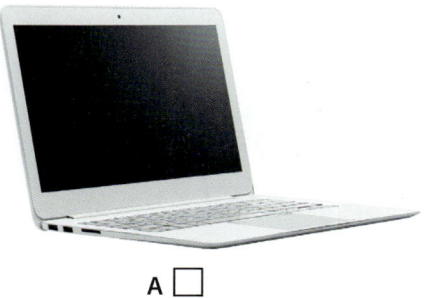

A  ☐   B  ☐   C ☐

2 Que peut-on faire sur YouTube ? *1 point*
   A ☐ Télécharger des romans.   B ☐ Télécharger des vidéos.   C ☐ Télécharger des jeux.

L'examen

DOCUMENT 2

Lisez les questions. Écoutez le document puis répondez.

3 Cette fleur s'offre principalement le jour… *1 point*
   A ☐ de la fête des grands-mères.   B ☐ de la fête des mères.   C ☐ de la fête du travail.

4 Le premier mai est une fête… *1 point*
   A ☐ civile.   B ☐ religieuse.   C ☐ abolie.

DOCUMENT 3

Lisez les questions. Écoutez le document puis répondez.

5 Où allez-vous pour assister au spectacle ? *1 point*

A ☐   B ☐   C ☐

6 Pour assister, les ados seuls doivent être… *1 point*
   A ☐ invités.   B ☐ autorisés.   C ☐ annoncés.

EXERCICE 3 *6 points*

**Vous écoutez ce message sur votre répondeur téléphonique.
Lisez les questions. Écoutez le document puis répondez.**

1 Marina va à pied… *1 point*
   A ☐ chez une amie.   B ☐ dans un hôtel.   C ☐ dans une pâtisserie.

2 Elle passe devant… *1 point*

A ☐   B ☐   C ☐

Épreuve 2

3 Elle doit sonner au... *1 point*

A ☐   B ☐   C ☐

4 Marina peut aussi y aller. *1 point*

A ☐   B ☐   C ☐

5 Qui apporte l'ordinateur ? *1 point*
  A ☐ Chloé.   B ☐ Luce.   C ☐ Marina.

6 Les deux amies doivent... *1 point*
  A ☐ réserver un restaurant.   B ☐ travailler ensemble.   C ☐ réserver leurs vacances.

EXERCICE 4   *7 points*

Vous écoutez 4 dialogues. Cochez (☒) pour associer chaque dialogue à la situation correspondante. Attention : il y a 6 situations mais seulement 4 dialogues.

Lisez les situations. Écoutez les dialogues puis répondez.

	A Demander un conseil à quelqu'un	B Demander un service	C S'informer sur un objet	D Refuser quelque chose	E Se renseigner sur l'ouverture d'un magasin	F S'infomer sur les transports	
1 **Dialogue 1**	☐	☐	☐	☐	☐	☐	*2 points*
2 **Dialogue 2**	☐	☐	☐	☐	☐	☐	*1 point*
3 **Dialogue 3**	☐	☐	☐	☐	☐	☐	*2 points*
4 **Dialogue 4**	☐	☐	☐	☐	☐	☐	*2 points*

L'examen

2 Compréhension des écrits

25 points

EXERCICE 1

6 points

Vous voulez aller dans un parc avec votre famille. Vous lisez ces annonces.

DOCUMENT 1

Vous êtes dans un parc national règlementé. Les photos sont autorisées mais il est interdit de ramasser des fleurs et de prendre des plantes.

DOCUMENT 2

Dans ce bois les sonneries de portables et la musique sont interdites pour ne pas déranger les animaux sauvages et les oiseaux.

DOCUMENT 3

Vous pouvez camper mais pas à proximité du cours d'eau. Les eaux peuvent monter très rapidement et votre situation devient dangereuse.

DOCUMENT 4

Zone de pique-nique prévue. Possibilité de cuire seulement au barbecue du lieu. Les déchets doivent être remportés.

DOCUMENT 5

Sur cette place les jeux de ballon sont interdits pour respecter les personnes sur les bancs. Zone réservée avec des jeux d'enfants à 100m.

DOCUMENT 6

Baignade sauvage et en eau vive autorisée dans cette partie du cours d'eau. Ne laissez pas les jeunes enfants sans surveillance.

Quelle annonce peut intéresser vos amis ?
Attention : il y a 8 personnes mais seulement 6 documents (2 personnes ne sont associées à aucun document). Cochez (☒) une seule case pour chaque document.

Personnes	Document 1 1 point	Document 2 1 point	Document 3 1 point	Document 4 1 point	Document 5 1 point	Document 6 1 point
A Mathieu veut faire du cheval.	☐	☐	☐	☐	☐	☐
B Caroline aime photographier les fleurs et les arbres.	☐	☐	☐	☐	☐	☐
C Antony va dans la nature sans téléphone.	☐	☐	☐	☐	☐	☐
D Marion veut manger de la viande grillée.	☐	☐	☐	☐	☐	☐
E Léo, 5 ans, veut faire de la balançoire et du toboggan.	☐	☐	☐	☐	☐	☐
F Mon frère Nathan, 13 ans, se baigne avec moi.	☐	☐	☐	☐	☐	☐
G Robin veut installer une tente pour la nuit.	☐	☐	☐	☐	☐	☐
H Laurence veut pratiquer du canoé.	☐	☐	☐	☐	☐	☐

Épreuve 2

EXERCICE 2
Vous venez de recevoir ce faire-part.

6 points

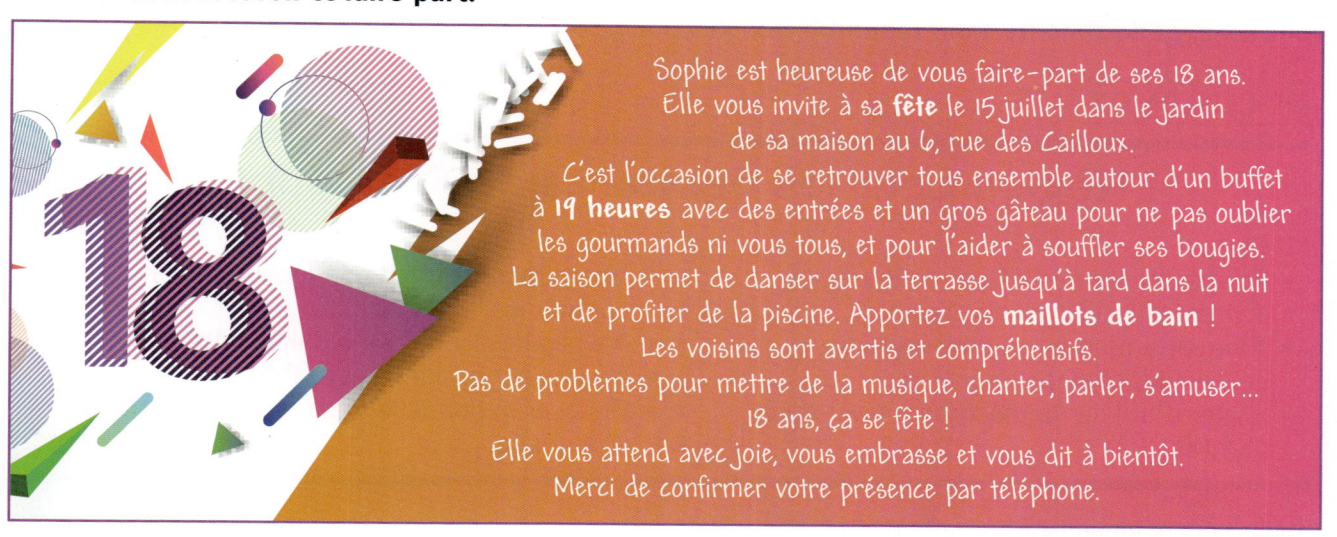

> Sophie est heureuse de vous faire-part de ses 18 ans.
> Elle vous invite à sa **fête** le 15 juillet dans le jardin
> de sa maison au 6, rue des Cailloux.
> C'est l'occasion de se retrouver tous ensemble autour d'un buffet
> à **19 heures** avec des entrées et un gros gâteau pour ne pas oublier
> les gourmands ni vous tous, et pour l'aider à souffler ses bougies.
> La saison permet de danser sur la terrasse jusqu'à tard dans la nuit
> et de profiter de la piscine. Apportez vos **maillots de bain** !
> Les voisins sont avertis et compréhensifs.
> Pas de problèmes pour mettre de la musique, chanter, parler, s'amuser…
> 18 ans, ça se fête !
> Elle vous attend avec joie, vous embrasse et vous dit à bientôt.
> Merci de confirmer votre présence par téléphone.

Pour répondre aux questions, cochez (☒) la bonne réponse.

1. On vous invite… *1 point*
   - A ☐ à la remise d'un diplôme.
   - B ☐ à un anniversaire.
   - C ☐ à une cérémonie.

2. La soirée se déroule… *1 point*
   - A ☐ dans une salle.
   - B ☐ à domicile.
   - C ☐ sur la plage.

3. À quoi devez-vous aider Sophie ? *1 point*
   - A ☐
   - B ☐
   - C ☐

4. Les voisins… *1 point*
   - A ☐ participent à la soirée.
   - B ☐ interdisent la fête.
   - C ☐ acceptent la musique.

5. Que devez-vous apporter ? *1 point*
   - A ☐
   - B ☐
   - C ☐

6. Si vous participez vous devez… *1 point*
   - A ☐ téléphoner à Sophie.
   - B ☐ écrire un courriel.
   - C ☐ aller sur la plage.

L'examen

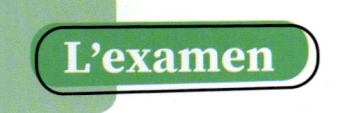

EXERCICE 3 *6 points*

Vous passez un an à l'étranger. Vous louez un appartement.
Vous lisez ces documents. Pour répondre aux questions, cochez (☒) la bonne réponse.

DOCUMENT 1

Règles pour les habitants de l'immeuble

Il faut…
- Respecter les parties communes.
- Éviter les bruits le soir et la nuit.
- Faire attention au volume de radio, télévision, chaîne stéréo.
- Éviter d'utiliser la machine à laver après 22h00.
- Interdire aux enfants de jouer dans les parties communes.
- Ne pas laisser son vélo dans l'entrée.
- Ne pas écrire dans l'ascenseur.
- Déposer la poubelle dans le local à poubelle.

1 Vous pouvez jouer dans l'appartement… *1 point*
  A ☐ le jour.   B ☐ le soir.   C ☐ la nuit.

2 Pour jeter un sac avec des ordures il y a… *1 point*
  A ☐ les parties communes.   B ☐ une pièce adaptée.   C ☐ l'entrée.

DOCUMENT 2

Bonjour,
Pour faciliter vos premiers jours : l'aspirateur, le fer à repasser, la planche à repasser se trouvent dans le placard du couloir. La liste des jours et des heures pour sortir la poubelle se trouve dans la porte interne du meuble à côté du frigo. À votre arrivée, pensez à mettre votre code personnel sur l'alarme à droite de la porte d'entrée.
Merci.
M. Hublot

3 La liste des jours pour jeter la poubelle se trouve… *1 point*
  A ☐ sur un meuble.   B ☐ sur le frigo.   C ☐ à l'intérieur d'un meuble.

4 Quand est-il utile de changer le code d'entrée ? *1 point*
  A ☐ Au départ de l'appartement.   B ☐ Au cours du séjour.   C ☐ À l'arrivée dans l'appartement.

DOCUMENT 3

Mode d'emploi : Machine à café

1. Verser l'eau froide dans le réservoir.
2. Mettre la capsule, fermer le levier.
3. Mettre une tasse sous la sortie café.
4. Appuyer la touche « marche ». Le café sort automatiquement.
5. À la quantité désirée, appuyer sur la même touche.
6. Retirer la tasse, lever le levier et sortir la capsule.
7. Jeter la capsule dans la poubelle.

Votre café est prêt.

5 Ce document vous dit comment préparer…   *1 point*
 A ☐ un café crème.   B ☐ un cappuccino.   C ☐ un café.

6 Pour obtenir le café il faut appuyer…   *1 point*
 A ☐ sur le levier.   B ☐ sur la touche.   C ☐ sur la capsule.

EXERCICE 4   *7 points*
Vous lisez cet article de journal.

Le charme de la Provence

La Provence est une région méditerranéenne du Sud de la France. Elle a été la première province des romains en Gaule et fait partie de la Provence-Alpes-Côte-D'Azur avec une superficie de 31 443 Km^2.
Les villes les plus importantes sont Marseille, Aix-en-Provence, Avignon… mais ses petits villages charment aussi les visiteurs avec le chant des cigales. La mer méditérranéenne influence le climat. Partout on peut visiter des monuments, des églises, des abbayes, des fontaines et des palais. Certains monuments comme les Arènes d'Arles remontent à la domination des romains. Nombreux sont les touristes qui viennent visiter la Provence. Elle est connue aussi pour ses produits comme les olives, les vins et la bonne cuisine. Il ne faut pas manquer de goûter ses plats typiques : la bouillabaisse, la tapenade et l'aïoli.

Pour répondre aux questions, cochez (☒) la bonne réponse.

1 La Provence est…   *1 point*
 A ☐ un département.   B ☐ une région.   C ☐ une commune.

2 La Provence est une ancienne province de la Gaule.   *1 point*
 Vrai ☐   Faux ☐

3 Le climat de la Provence est…   *1 point*
 A ☐ méditerranéen.   B ☐ océanique.   C ☐ continental.

4 En Provence on trouve encore des vestiges romains.   *2 points*
 Vrai ☐   Faux ☐

5 La Provence est…   *1 point*
 A ☐ pittoresque.   B ☐ déserte.   C ☐ touristique.

6 En Provence on trouve…   *1 point*
 A ☐ des sapins.   B ☐ des châtaigniers.   C ☐ des oliviers.

L'examen

3 Production écrite 25 points

EXERCICE 1 13 points

Vous participez à un forum en français sur Internet sur le thème « Le premier jour de classe ».
Vous racontez votre expérience personnelle et donnez votre opinion.

60 mots minimum

FORUM
Le premier jour de classe

....
....
....
....
....
....
....

Nombre de mots : ....

EXERCICE 2 12 points

Vous écrivez un mail à un ami pour l'informer du nouveau cours de natation
que la mairie de votre ville organise. Vous donnez des détails sur le lieu de la piscine,
les moyens de transport à utiliser, les horaires et le nécessaire à apporter.

60 mots minimum

À :
De :

....
....
....
....
....
....
....

Envoyer

Nombre de mots : ....

4 Production orale

Épreuve 2

25 points

Préparation : 10 minutes   **Passation : de 6 à 8 minutes**

Déroulement de l'épreuve
L'épreuve comporte trois parties. Avant le début de l'épreuve, vous tirez au sort deux sujets pour la partie 2 et deux sujets pour la partie 3. Vous en choisissez un de chaque. Ensuite, vous disposez de 10 minutes pour préparer ces deux parties. Lors de la passation, les trois parties s'enchaînent.

1 Entretien Dirigé sans préparation
1 minute 30 environ

Vous saluez votre examinateur et vous vous présentez.
Vous parlez de vous, de votre famille, de vos études, de vos goûts etc.
L'examinateur peut ensuite vous poser des questions complémentaires.

2 Monologue suivi avec préparation
2 minutes environ

Vous tirez au sort deux sujets et vous en choisissez un.
Vous vous exprimez sur le sujet.
L'examinateur peut ensuite vous poser des questions complémentaires

La musique

Écoutez-vous de la musique ? Quand ? Où préférez-vous l'écouter ? Quel genre de musique écoutez-vous ? Parlez d'un chanteur ou d'un groupe que vous aimez. Expliquez.

Les repas

Parlez des principaux repas de la journée. À quels horaires les prenez-vous ? Ces horaires sont-ils variables ? Avec qui et où prenez-vous ces repas ? Expliquez.

3 Exercice en interaction avec préparation
3 à 4 minutes environ

Vous tirez au sort deux sujets et vous en choisissez un.
Vous simulez un dialogue avec l'examinateur afin de résoudre une situation de la vie quotidienne.
Vous montrez que vous êtes capable de saluer et d'utiliser les règles de politesse.

La conduite accompagnée

Vous voulez vous inscrire pour faire la conduite accompagnée comme un ami. Votre père ou mère n'est pas d'accord. Vous insistez.
L'examinateur joue le rôle du père ou de la mère.

Visite

Votre correspondant français vous fait découvrir Paris. Vous discutez avec lui du programme de la journée. Vous avez le choix entre plusieurs monuments ou lieux à visiter.
L'examinateur joue le rôle de votre correspondant.

L'examen

Épreuve 3

1 🔊 45 Compréhension de l'oral — *25 points*

Vous allez écouter plusieurs documents. Il y a 2 écoutes.
Avant chaque écoute, vous entendez le son suivant : 🔊.
Dans les exercices 1, 2 et 3, pour répondre aux questions, cochez (☒) la bonne réponse.

EXERCICE 1 — *6 points*
Vous écoutez des annonces publiques.

DOCUMENT 1
Lisez la question. Écoutez le document puis répondez.

1 Que pouvez-vous faire ? — *1 point*
   A ☐ Visiter une exposition artistique.   B ☐ Suivre des cours.   C ☐ Aller dans un bureau.

DOCUMENT 2
Lisez la question. Écoutez le document puis répondez.

2 Que vous demande-t-on ? — *1 point*
   A ☐ De partir.   B ☐ D'attendre.   C ☐ De dormir.

DOCUMENT 3
Lisez la question. Écoutez le document puis répondez.

3 Vous n'avez plus votre portefeuille, vous devez aller… — *1 point*

A ☐ (Police - Accueil)   B ☐ (Magasin - Accueil)   C ☐ (Ressources Humaines - Accueil)

DOCUMENT 4
Lisez la question. Écoutez le document puis répondez.

4 Que devez-vous faire ? — *1 point*
   A ☐ Redresser votre siège.   B ☐ Baisser votre siège.   C ☐ Détacher votre ceinture.

Épreuve 3

DOCUMENT 5

Lisez la question. Écoutez le document puis répondez.

5   Au cours de l'atterrissage, vous devez...   *1 point*

A  ☐   B  ☐   C ☐

DOCUMENT 6

Lisez la question. Écoutez le document puis répondez.

6   Que ne pouvez-vous pas faire toutes les deux heures ?   *1 point*

A  ☐   B  ☐   C ☐

L'examen

EXERCICE 2 6 points
Vous écoutez la radio.

DOCUMENT 1

Lisez les questions. Écoutez le document puis répondez.

1 Le danger d'écouter de la musique est… 1 point
   A ☐ le volume.   B ☐ le rythme.   C ☐ la durée.

2 Les conséquences touchent… 1 point
   A ☐ la pollution.   B ☐ la santé.   C ☐ les études.

DOCUMENT 2

Lisez les questions. Écoutez le document puis répondez.

3 Vous pouvez voir un film… 1 point
   A ☐ policier.   B ☐ romantique.   C ☐ dramatique.

4 C'est l'histoire de… 1 point

A ☐   B ☐   C ☐

DOCUMENT 3

Lisez les questions. Écoutez le document puis répondez.

5 Quel prix va recevoir le vainqueur ? 1 point

A ☐   B ☐   C ☐

6 Vous ne pourrez pas assister à un rendez-vous… 1 point
   A ☐ musical.   B ☐ sportif.   C ☐ cinématographique.

Épreuve 3

EXERCICE 3
6 points

Vous écoutez ce message sur votre répondeur téléphonique.
Lisez les questions. Écoutez le document puis répondez.

1 Quelle activité vous propose Mme Dujardin ? *1 point*
   A ☐ Faire du babysitting.   B ☐ Faire de la cuisine.   C ☐ Faire du jardinage.

2 Vous devez travailler… *1 point*
   A ☐ toute la semaine.   B ☐ le week-end.   C ☐ cinq jours par semaine.

3 Vous devez être présente… *1 point*
   A ☐ le matin.   B ☐ l'après-midi.   C ☐ le soir.

4 Dans quel lieu pouvez-vous emmener Nicolas ? *1 point*
   A ☐ À l'école.   B ☐ Au parc.   C ☐ À la piscine.

5 Pour son fils la maman demande… *1 point*

   A ☐   B ☐   C ☐

6 Vous devez donner une réponse par… *1 point*

   A ☐   B ☐   C ☐

EXERCICE 4
7 points

Vous écoutez 4 dialogues. Cochez (☒) pour associer chaque dialogue à la situation correspondante.
Attention : il y a 6 situations mais seulement 4 dialogues.

Lisez les situations. Écoutez les dialogues puis répondez.

	A Demander un conseil à quelqu'un	B Demander quelque chose	C S'informer sur la météo	D Inviter quelqu'un	E Se renseigner sur les horaires	F S'infomer sur les transports	
1 Dialogue 1	☐	☐	☐	☐	☐	☐	*2 points*
2 Dialogue 2	☐	☐	☐	☐	☐	☐	*1 point*
3 Dialogue 3	☐	☐	☐	☐	☐	☐	*2 points*
4 Dialogue 4	☐	☐	☐	☐	☐	☐	*2 points*

L'examen

2 Compréhension des écrits 25 points

EXERCICE 1 6 points
Vous voulez inviter vos amis à assister à un festival. Vous lisez ces annonces.

DOCUMENT 1

Les Estivales de Perpignan
À ce festival vous rencontrez des stars de la World Music, du théâtre, du cirque, de la chorégraphie.

DOCUMENT 2

Les Francofolies de la Rochelle
Un grand rendez-vous de la chanson francophone et des musiques actuelles. Découverte des jeunes talents de chansons populaires.

DOCUMENT 3

Festival de Grignan
Les belles lettres d'écrivains ou d'inconnus sont à l'honneur. Lecture de messages d'auteurs célèbres ou moins célèbres.

DOCUMENT 4

Festival des Arcs
Station de sport d'hiver en altitude, au cœur des Alpes projette 120 films français et européens en une semaine.

DOCUMENT 5

Festival de rue à Châlons-sur-Saône
Un millier d'artistes dans les rues vous proposent leurs spectacles gratuits de théâtre, marionnettes, acrobaties, déambulations.

DOCUMENT 6

Festival de photojournalisme de Perpignan
Venez assister à cette manifestation culturelle. Elle offre des soirées de projections avec des photos d'actualité de l'année.

Quelle annonce peut intéresser vos amis ?
Attention : il y a 8 personnes mais seulement 6 documents (2 personnes ne sont associées à aucun document). Cochez (☒) une seule case pour chaque document.

Personnes	Document 1 1 point	Document 2 1 point	Document 3 1 point	Document 4 1 point	Document 5 1 point	Document 6 1 point
A Louis étudie la langue française.	☐	☐	☐	☐	☐	☐
B Christophe est attiré par l'image.	☐	☐	☐	☐	☐	☐
C Sophie organise des spectacles pour enfants.	☐	☐	☐	☐	☐	☐
D Olivier donne des cours de danse.	☐	☐	☐	☐	☐	☐
E Diane aime lire des textes d'auteurs célèbres.	☐	☐	☐	☐	☐	☐
F Lou s'intéresse à la musique jazz.	☐	☐	☐	☐	☐	☐
G Lionel est amateur de ski et de cinéma.	☐	☐	☐	☐	☐	☐
H Jérôme est passionné des Bandes Dessinées.	☐	☐	☐	☐	☐	☐

Épreuve 3

EXERCICE 2
Vous venez de recevoir cette lettre.

6 points

> Monsieur,
> Je désire effectuer un séjour linguistique de 3 semaines, au mois de juillet et votre ville m'attire. La publicité de votre Centre sur Internet me permet de vous écrire pour des renseignements. Pouvez-vous me dire si votre école prépare à des diplômes DELF, et si je vais devoir faire un test d'entrée ? De plus, est-ce que je peux rester en pension complète et avez-vous des chambres individuelles ?
> Voulez-vous me préciser si les cours ont lieu le matin, à quelle heure ils commencent, quelle est leur durée journalière et comment ils sont structurés ?
> Pendant l'année, je pratique le volley-ball. Est-ce que je vais pouvoir continuer mon sport préféré pendant mon séjour ou alors quels sont les sports proposés ?
> Je vous remercie de votre réponse et vous prie d'agréer, Monsieur, mes meilleures salutations.

Pour répondre aux questions, cochez (☒) la bonne réponse.

1. Comment connaît-on ce centre ? *1 point*

   A ☐   B ☐   C ☐

2. Que peut-on obtenir ? *1 point*

   A ☐   B ☐   C ☐

3. On veut savoir si on doit… *1 point*
   - A ☐ passer obligatoirement une certification.
   - B ☐ passer un test de niveau.
   - C ☐ déjà avoir un diplôme en langue.

4. On pose des questions sur… *1 point*
   - A ☐ les menus des repas.
   - B ☐ la composition des chambres.
   - C ☐ le nombre d'élèves.

5. La personne qui écrit est… *1 point*
   - A ☐ un danseur.
   - B ☐ un musicien.
   - C ☐ un sportif.

6. On demande des informations… *1 point*
   - A ☐ sur le sport.
   - B ☐ sur le temps libre.
   - C ☐ sur la découverte de la ville.

L'examen

EXERCICE 3 6 points

Vous allez passer quelques jours avec des amis dans un camping.
Vous lisez ces documents. Pour répondre aux questions, cochez (☒) la bonne réponse.

DOCUMENT 1

RECETTE DE LA SALADE NIÇOISE

Une recette facile et rapide pour votre arrivée.

1. Lavez et coupez dans un saladier la salade, les poivrons, les tomates.
2. Faites cuire dans une casserole des œufs durs.
3. Nettoyez les œufs, coupez-les en rondelles.
4. Dans le saladier mettez les œufs, des olives, du thon et des anchois.
5. Ajoutez l'huile, le sel et du basilic.

BON APPÉTIT !

1 Vous mettez les ingrédients… *1 point*
- A ☐ dans un saladier.
- B ☐ dans une poêle.
- C ☐ dans une assiette.

2 L'huile doit être ajouté à la préparation… *1 point*
- A ☐ au début.
- B ☐ en cours.
- C ☐ à la fin.

DOCUMENT 2

Bonjour et bienvenue dans notre camping.
À l'arrivée présentez vos papiers d'identité. Si vous êtes mineurs vous devez avoir une autorisation écrite de vos parents. Allez installer votre tente à l'emplacement indiqué. Pendant votre séjour nous vous rappelons qu'allumer des feux est interdit tout comme jouer à des jeux violents. Le soir nous organisons des soirées à thème, des karaokés, des tournois et des danses.
Nous vous attendons.
La direction

3 Quand vous arrivez vous devez… *1 point*
- A ☐ montrer vos cartes d'identité.
- B ☐ installer la tente.
- C ☐ allumer le feu.

4 Vous pouvez participer à… *1 point*
- A ☐ des activités pédagogiques.
- B ☐ des activités animées.
- C ☐ des activités éducatives.

DOCUMENT 3

Mode d'emploi : machine à laver à jetons

1. Placer votre linge dans la machine.
2. Refermer le hublot.
3. Choisir la température du programme de lavage.
4. Mettre le détergent.
5. Mettre les jetons.
6. Appuyer sur le bouton « marche ».
7. Le lave-linge se met en marche et vous indique le temps pour le lavage.

Il faut attendre 3 minutes après la fin du lavage pour ouvrir la porte et retirer votre linge.

5 Ce document vous permet de... *1 point*
  A ☐ sécher le linge.   B ☐ repasser le linge.   C ☐ laver le linge.

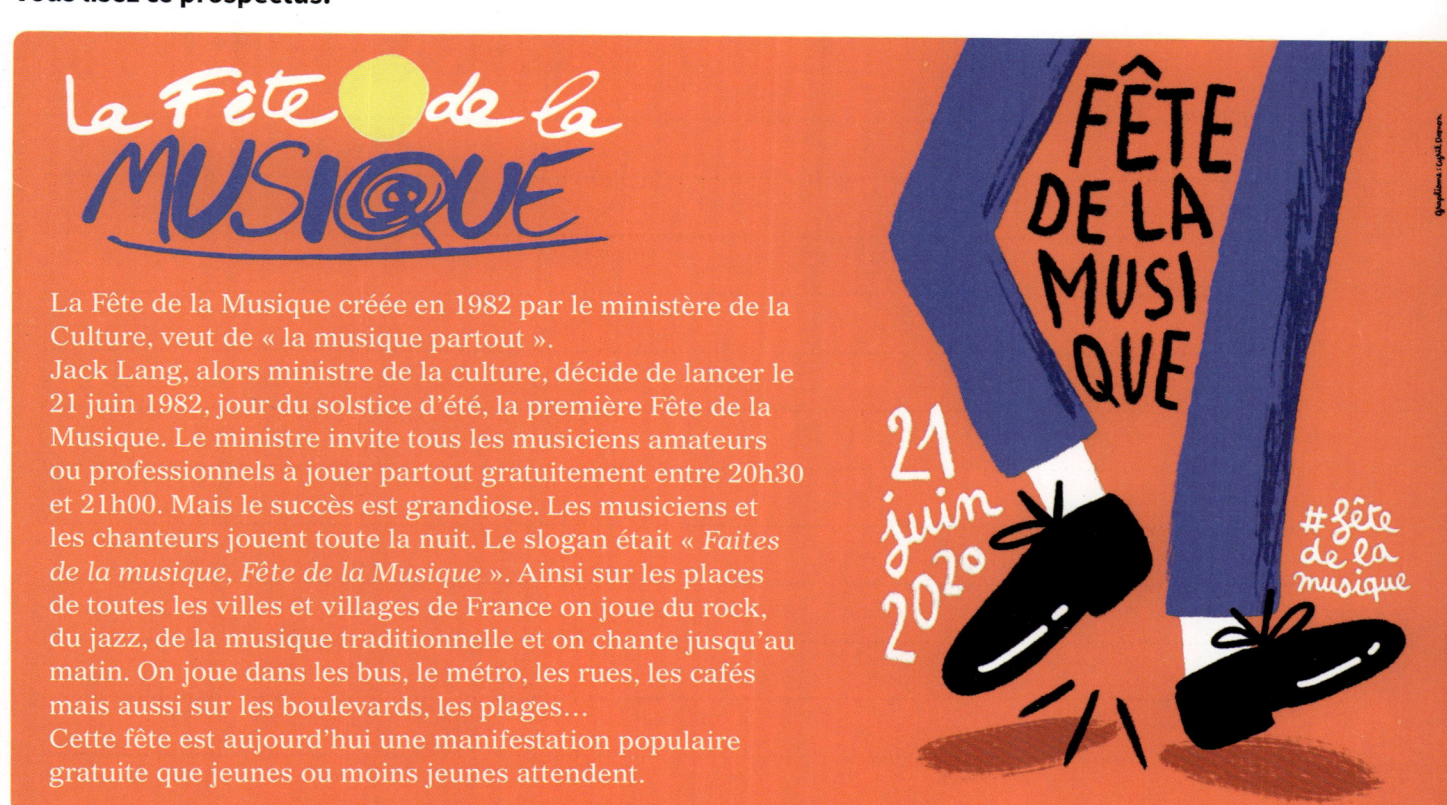

6 Prendre le linge à l'arrêt de la machine... *1 point*
  A ☐ demande de mettre un jeton.   B ☐ demande du temps.   C ☐ est immédiat.

EXERCICE 4 *7 points*
Vous lisez ce prospectus.

La Fête de la Musique

La Fête de la Musique créée en 1982 par le ministère de la Culture, veut de « la musique partout ».
Jack Lang, alors ministre de la culture, décide de lancer le 21 juin 1982, jour du solstice d'été, la première Fête de la Musique. Le ministre invite tous les musiciens amateurs ou professionnels à jouer partout gratuitement entre 20h30 et 21h00. Mais le succès est grandiose. Les musiciens et les chanteurs jouent toute la nuit. Le slogan était « *Faites de la musique, Fête de la Musique* ». Ainsi sur les places de toutes les villes et villages de France on joue du rock, du jazz, de la musique traditionnelle et on chante jusqu'au matin. On joue dans les bus, le métro, les rues, les cafés mais aussi sur les boulevards, les plages…
Cette fête est aujourd'hui une manifestation populaire gratuite que jeunes ou moins jeunes attendent.

FÊTE DE LA MUSIQUE
21 juin 2020
#fête de la musique

Pour répondre aux questions, cochez (✗) la bonne réponse.

1 Jack Lang organise cette fête pour une durée initiale... *2 points*
  A ☐ d'une heure et demie.   B ☐ d'un jour.   C ☐ d'une demi-heure.

2 Seulement les chanteurs professionnels peuvent participer. *1 point*
  Vrai ☐   Faux ☐

3 Ce jour-là, on fait de la musique... *1 point*
  A ☐ seulement dans les théâtres.   B ☐ seulement dans les salles de spectacles.   C ☐ partout.

4 Les genres musicaux joués sont... *1 point*
  A ☐ différents.   B ☐ actuels.   C ☐ monotones.

5 Pour assister aux concerts... *1 point*
  A ☐ on paie un billet.   B ☐ on ne paie rien.   C ☐ on offre de l'érgent.

6 Cette manifestation est impopulaire. *1 point*
  Vrai ☐   Faux ☐

L'examen

3 Production écrite — 25 points

EXERCICE 1 — 13 points

Vous êtes en vacances en France avec vos parents. Vous décrivez vos journées et vous donnez vos impressions.

60 mots minimum

Cher journal, ...
....
....
....
....
....
....
....
....
....
....
....
....
....

Nombre de mots : ....

EXERCICE 2

Épreuve 3

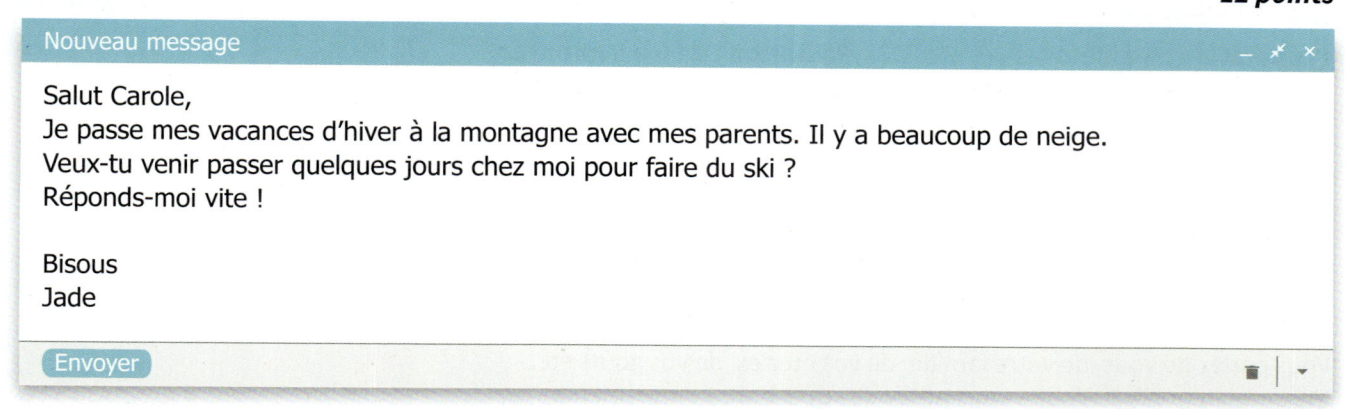

12 points

Nouveau message

Salut Carole,
Je passe mes vacances d'hiver à la montagne avec mes parents. Il y a beaucoup de neige.
Veux-tu venir passer quelques jours chez moi pour faire du ski ?
Réponds-moi vite !

Bisous
Jade

Vous répondez à Jade. Vous ne pouvez pas accepter son invitation. Vous vous excusez et vous lui expliquez pourquoi vous ne pouvez pas venir.

60 mots minimum

À :
De :

Nombre de mots : ....

L'examen

4 Production orale

25 points

Préparation : 10 minutes   **Passation : de 6 à 8 minutes**

Déroulement de l'épreuve
L'épreuve comporte trois parties. Avant le début de l'épreuve, vous tirez au sort deux sujets pour la partie 2 et deux sujets pour la partie 3. Vous en choisissez un de chaque. Ensuite, vous disposez de 10 minutes pour préparer ces deux parties. Lors de la passation, les trois parties s'enchaînent.

1 Entretien Dirigé sans préparation

1 minute 30 environ

Vous saluez votre examinateur et vous vous présentez.
Vous parlez de vous, de votre famille, de vos études, de vos goûts etc.
L'examinateur peut ensuite vous poser des questions complémentaires.

2 Monologue suivi avec préparation

2 minutes environ

Vous tirez au sort deux sujets et vous en choisissez un.
Vous vous exprimez sur le sujet.
L'examinateur peut ensuite vous poser des questions complémentaires.

Le cadeau
Aimez-vous faire des cadeaux ? Quel genre de cadeaux faites-vous ? Et à quelles occasions les faites-vous ? Dépensez-vous beaucoup d'argent ou cherchez-vous de petites choses originales ? Expliquez.

Le pays
Présentez votre pays. Quelles sont les villes que vous préférez ? Pourquoi ? Quelles sont les choses que les autres pays n'ont pas ? Expliquez.

Épreuve 3

3 Exercice en interaction avec préparation
3 à 4 minutes environ

Vous tirez au sort deux sujets et vous en choisissez un.
Vous simulez un dialogue avec l'examinateur afin de résoudre une situation de la vie quotidienne.
Vous montrez que vous êtes capable de saluer et d'utiliser les règles de politesse.

Soirée film

Vous organisez une soirée film avec un ami. Vous devez louer un film et vous allez dans un magasin. Vous demandez conseil au vendeur. Il vous propose trois titres, vous posez des questions, vous parlez de vos goûts, vous choisissez et vous demandez le prix de la location.
L'examinateur joue le rôle de l'employé.

Da Vinci Code, avec Tom Hanks.

Avant de mourir assassiné, le conservateur du Louvre a laissé de mystérieux symboles. Sa petite-fille et un scientifique américain mènent l'enquête.

Durée : 2h54
Location : 5,50€

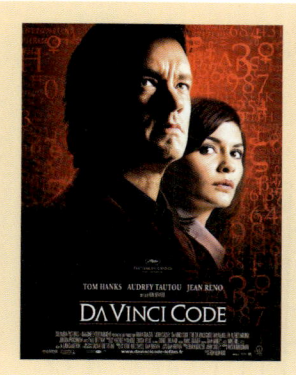

Tron l'héritage, avec Jeff Bridges.

Sam est un jeune féru de technologie qui enquête sur la disparition de son père Kevin Flynn, un concepteur de jeux vidéos. Sam et son amie Cora se retrouvent alors propulsés dans un programme féroce de jeux de gladiateurs...

Durée : 2h07
Location : 5,50€

En bonne compagnie, avec Dennis Quaid.

Dans un magasin sportif, un responsable d'un certain âge est contraint de travailler sous les ordres d'un homme plus jeune que lui, qui tombe amoureux de sa fille.

Durée : 2h07
Location : 5,00€

Un oubli

Vous avez oublié votre classeur avec les devoirs à la maison. Pour aujourd'hui, il fallait faire des exercices et les rendre à votre professeur. Avant le cours, vous allez le voir et vous lui expliquez.
L'examinateur joue le rôle du professeur.

L'examen

Épreuve 4

1 🔊 46 Compréhension de l'oral *25 points*

Vous allez écouter plusieurs documents. Il y a 2 écoutes.
Avant chaque écoute, vous entendez le son suivant : 🔊.
Dans les exercices 1, 2 et 3, pour répondre aux questions, cochez (☒) la bonne réponse.

EXERCICE 1 *6 points*
Vous écoutez des annonces publiques.

DOCUMENT 1

Lisez la question. Écoutez le document puis répondez.

1 Que devez-vous faire pour aller à l'étage ? *1 point*

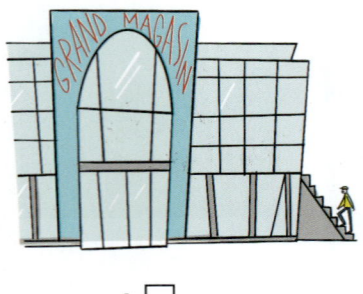

A  ☐   B  ☐   C ☐

DOCUMENT 2

Lisez la question. Écoutez le document puis répondez.

2 Que devez-vous faire ? *1 point*

A  ☐   B  ☐   C ☐

DOCUMENT 3

Lisez la question. Écoutez le document puis répondez.

3 Que devez-vous faire ?   *1 point*

A ☐   B ☐   C ☐

DOCUMENT 4

Lisez la question. Écoutez le document puis répondez.

4 Pour recevoir la surprise, que devez-vous faire ?   *1 point*
   A ☐ Manger un gâteau.   B ☐ Penser à un gâteau.   C ☐ Acheter un gâteau.

DOCUMENT 5

Lisez la question. Écoutez le document puis répondez.

5 Que devez-vous faire ?   *1 point*
   A ☐ Vous enregistrer.   B ☐ Acheter votre billet.   C ☐ Monter dans le train.

DOCUMENT 6

Lisez la question. Écoutez le document puis répondez.

6 Qu'est-il interdit de faire ?   *1 point*
   A ☐ Descendre du train. B ☐ Vous lever de votre siège. C ☐ Regarder par la fenêtre.

L'examen

EXERCICE 2 *6 points*
Vous écoutez la radio.

DOCUMENT 1

Lisez les questions. Écoutez le document puis répondez.

1 Que devez-vous savoir faire ? *1 point*
   A ☐ Aimer les Bd et les acheter.   B ☐ Aimer les Bd et participer.   C ☐ Écrire et illustrer une BD.

2 La récompense du gagnant est un prix à… *1 point*
   A ☐ à échanger.   B ☐ surprise.   C ☐ à choisir.

DOCUMENT 2

Lisez les questions. Écoutez le document puis répondez.

3 De quel pays allez-vous découvrir les traditions ? *1 point*

   A ☐ (JAPON)   B ☐ (CONGO)   C ☐ (CANADA)

4 Ce salon intéresse qui ? *1 point*
   A ☐ Tout le monde.   B ☐ Les passionnés.   C ☐ Personne.

DOCUMENT 3

Lisez les questions. Écoutez le document puis répondez.

5 Le 14 juillet est la date… *1 point*
   A ☐ du départ du tour.   B ☐ d'une étape du tour.   C ☐ d'arrivée du tour.

6 Que porte le leader de la course ? *1 point*

   A ☐ (maillot jaune)   B ☐ (maillot rose)   C ☐ (maillot vert)

Épreuve 4

EXERCICE 3
6 points

**Vous écoutez ce message sur votre répondeur téléphonique.
Lisez les questions. Écoutez le document puis répondez.**

1 Quel événement fête Olivia ? *1 point*
   - A ☐ Son diplôme.
   - B ☐ Son permis de conduire.
   - C ☐ Son anniversaire.

2 Où doit aller Béatrice dimanche ? *1 point*
   - A ☐
   - B ☐
   - C ☐

3 Quel vêtement veut-elle mettre ? *1 point*
   - A ☐
   - B ☐
   - C ☐

4 Que doit faire sa mère ? *1 point*
   - A ☐ Laver le vêtement à la main.
   - B ☐ Apporter le vêtement à laver.
   - C ☐ Apporter le vêtement à repasser.

5 Qui doit pendre le vêtement ? *1 point*
   - A ☐ Béatrice.
   - B ☐ Olivia.
   - C ☐ La maman de Béatrice.

6 Que doit cuisiner la mère ? *1 point*
   - A ☐ Un gâteau aux fruits.
   - B ☐ Un gâteau à la crème.
   - C ☐ Une brioche.

EXERCICE 4
7 points

**Vous écoutez 4 dialogues. Cochez (☒) pour associer chaque dialogue à la situation correspondante.
Attention : il y a 6 situations mais seulement 4 dialogues.**

Lisez les situations. Écoutez les dialogues puis répondez.

	A Demander un conseil à quelqu'un	B Demander quelque chose	C S'informer sur les prix	D Inviter quelqu'un	E Se renseigner sur les horaires	F Remercier quelqu'un	
1 Dialogue 1	☐	☐	☐	☐	☐	☐	*1 point*
2 Dialogue 2	☐	☐	☐	☐	☐	☐	*2 points*
3 Dialogue 3	☐	☐	☐	☐	☐	☐	*2 points*
4 Dialogue 4	☐	☐	☐	☐	☐	☐	*2 points*

L'examen

2 Compréhension des écrits   25 points

EXERCICE 1   6 points
Annonces de cours de langue. Vous lisez ces annonces.

DOCUMENT 1

Strasbourg
Découverte de base en langue française des signes. Pour comprendre vos interlocuteurs et leur répondre dans des situations simples avec vos gestes.

DOCUMENT 2

Besançon
Pour améliorer votre français, nous proposons des activités multiples tout au long de votre séjour. Date de votre participation au choix.

DOCUMENT 3

Poitiers
Séjour au pair avec cours intensifs. Technologies de pointe au lycée pilote innovant du Futuroscope, pour aider à progresser rapidement.

DOCUMENT 4

Grenoble
Certificat européen de langue : allemand, anglais, espagnol pour l'hôtellerie et la restauration. Accueil dans un campus moderne dans nos montagnes.

DOCUMENT 5

Biarritz
Apprendre le français le matin en salles de classe organisées par niveau. Équipe de professeurs chaleureuse et attentive pour des cours animés.

DOCUMENT 6

Paris
École internationale de langues offre cours de français pour débutants de tout âge. Après-midi possibilité de monter à cheval.

Quelle annonce peut intéresser vos amis ?
Attention : il y a 8 personnes mais seulement 6 documents (2 personnes ne sont associées à aucun document).
Cochez (X) une seule case pour chaque document.

Personnes	Document 1 1 point	Document 2 1 point	Document 3 1 point	Document 4 1 point	Document 5 1 point	Document 6 1 point
A Léo veut communiquer avec son voisin qui est sourd.	☐	☐	☐	☐	☐	☐
B Clara désire avoir le choix de son départ en cours.	☐	☐	☐	☐	☐	☐
C Quentin prend des cours d'équitation.	☐	☐	☐	☐	☐	☐
D Luna veut aller travailler dans un restaurant espagnol.	☐	☐	☐	☐	☐	☐
E Benjamin aime les sports aquatiques.	☐	☐	☐	☐	☐	☐
F Lilou veut étudier seulement le matin.	☐	☐	☐	☐	☐	☐
G Thimothé s'intéresse aux nouvelles technologies.	☐	☐	☐	☐	☐	☐
H Roseline veut manger des plats régionaux.	☐	☐	☐	☐	☐	☐

Épreuve 4

EXERCICE 2
Vous venez de recevoir ce courriel.

6 points

Nouveau message

Chers voisins,

Vous voulez passer un moment de détente, d'échange convivial dans la bonne humeur ?

Voilà l'occasion de nous rencontrer et de mieux nous connaître. Nous organisons cette fête pour tous les habitants de notre immeuble. VENDREDI 24 MAI à 19 heures autour d'un buffet dans la cour.

Nous voulons continuer cette tradition très appréciée l'année dernière. Cet engagement sympathique s'annonce riche en rencontres et partages. Les jeunes vont s'occuper de la musique et ont une belle idée pour une animation surprise. Ils pensent aussi à photographier les moments les plus représentatifs de la fête et les plus jeunes préparent une démonstration de breakdance.

Pour favoriser le lien social, développer la solidarité et la qualité de vie, nous vous attendons tous.

À bientôt.

Bien cordialement.

Envoyer

Pour répondre aux questions, cochez (☒) la bonne réponse.

1 La fête s'organise pour… *1 point*
- A ☐ faire du sport.
- B ☐ se retrouver.
- C ☐ s'isoler.

2 On vous invite à une fête réservée… *1 point*
- A ☐ à tous les habitants de l'immeuble.
- B ☐ à tous les habitants de la ville.
- C ☐ aux nouveaux arrivés du quartier.

3 Où a lieu cette fête ? *1 point*

A  ☐   B  ☐   C ☐

4 Cette fête se célèbre… *1 point*
- A ☐ pour la première fois.
- B ☐ pour la deuxième fois.
- C ☐ tous les ans.

5 Les jeunes ont le rôle de… *1 point*
- A ☐ jouer d'un instrument de musique.
- B ☐ organiser un karakoé.
- C ☐ mettre de la musique.

6 Ils vont utiliser… *1 point*

A  ☐   B  ☐   C ☐

139

L'examen

EXERCICE 3 *6 points*

Vous fréquentez une école. Vous lisez ces documents.
Pour répondre aux questions, cochez (☒) la bonne réponse.

DOCUMENT 1

Règlement intérieur du self-service

1. La salle de restauration est réservée aux élèves.
2. L'accès au self se fait du lundi au vendredi de 12h00 à 12h45.
3. Pour accéder il faut avoir la carte de restauration.
4. L'utilisation du téléphone portable est interdite à l'intérieur des locaux.
5. Les repas apportés de l'extérieur sont interdits.
6. En partant débarrassez votre plateau et rangez votre chaise.

1 Pour accéder vous avez besoin… *1 point*
 A ☐ d'un plateau.   B ☐ d'une carte de restauration.   C ☐ de votre téléphone portable.

2 Pour quitter la salle vous devez… *1 point*
 A ☐ ranger la carte de restauration.   B ☐ ranger le portable.   C ☐ mettre en ordre les sièges.

DOCUMENT 2

Bonjour,
Pour bien vous préparer au grand jour voici de simples conseils à suivre.
- Ne révisez pas la veille, sortez, lisez, regardez un film, Enfin détendez-vous !
- Ne discutez pas ensemble de l'examen. C'est inutile !
- Préparez votre tenue pour le lendemain et votre sac.
- Vous vous rappelez que vous avez besoin de votre carte d'identité, de stylos qui marchent ?
- Pensez à vous coucher tôt !
Suivez mes conseils !
À demain.

3 La veille vous devez… *1 point*
 A ☐ choisir un loisir.   B ☐ relire vos cours.   C ☐ rester couché.

4 Vous devez préparer en avance… *1 point*
 A ☐ votre sac.   B ☐ vos livres.   C ☐ vos cours.

DOCUMENT 3

Mode d'emploi : Machine à photocopier

1. Appuyer sur la touche « Marche ».
2. Relever le couvercle.
3. Placer le document face sur la vitre.
4. Choisir le nombre de copies.
5. Sélectionner une option.
6. Appuyer la touche « Départ ».
7. Attendre la sortie des copies et retirer la ou les photocopies.
8. Retirer l'original.
9. Rabattre le couvercle.

5 Pour faire des photocopies vous devez en premier… *1 point*
   A ☐ sélectionner « photocopie ».   B ☐ appuyer sur le bouton.   C ☐ rabattre le couvercle.

6 Le document à photocopier est à placer… *1 point*
   A ☐ face contre la vitre.   B ☐ face vers vous.   C ☐ dans le tiroir de la machine.

EXERCICE 4   *7 points*
Vous lisez cet article de journal.

La classe en mouvement

Les élèves d'une classe élémentaire peuvent suivre leur leçon soit à leur bureau soit à leur vélo ! Ce sont des vélos-bureaux mis à disposition par l'institutrice pour permettre aux élèves de bouger plus. Et cela pour lutter contre le stress, se défouler sans attendre la récréation.
Ces élèves disent qu'ils les aiment et que pédaler les aident à se concentrer. Toujours un peu excité, Enzo se calme quand il pédale. Lina voit mieux le tableau et s'amuse des réactions des parents qui se demandent comment on fait pour pédaler et écrire en même temps. Leur institutrice répond de manière scientifique : « Écrire et pédaler ne sollicitent pas la même partie du cerveau. Donc, faire les deux en même temps est possible ! » : Cette expérience l'enchante.
Compte tenu du succès, l'expérience va être étendue à une autre école de la ville.

Pour répondre aux questions, cochez (☒) la bonne réponse.

1 L'idée d'équiper la classe arrive… *1 point*
   A ☐ des parents.   B ☐ de l'institutrice.   C ☐ du Ministère de l'éducation nationale.

2 Les vélos-bureaux permettent… *1 point*
   A ☐ de pédaler.   B ☐ de rester sans bouger.   C ☐ d'écrire au tableau.

3 Les vélos-bureaux se trouvent… *1 point*
   A ☐ dans la cour de récréation.   B ☐ dans la salle de sport.   C ☐ dans la salle de classe.

4 Cet équipement… *2 points*
   A ☐ surprend les parents.   B ☐ amuse les parents.   C ☐ révolte les parents.

5 Toutes les écoles élémentaires sont équipées de vélos-bureaux. *1 point*
   Vrai ☐   Faux ☐

6 On va trouver des vélos-bureaux dans une autre école de la même ville. *1 point*
   Vrai ☐   Faux ☐

L'examen

3 Production écrite
25 points

EXERCICE 1 *13 points*

**Vous participez à une journée ou soirée de fin d'année scolaire.
Vous dites quand (midi, après-midi, soir), comment vous vous habillez, où la fête a lieu et vous parlez de ce que vous faites.**

60 mots minimum

Cher journal, ...
....
....
....
....
....
....

Nombre de mots : ....

EXERCICE 2 *12 points*

Les grandes vacances approchent. Vous écrivez un mail à votre correspondant(e) pour l'inviter à passer une semaine chez vous. Dites-lui ce que vous lui proposez comme activités et les lieux que vous pensez lui faire découvrir.

60 mots minimum

À :
De :

....
....
....
....
....
....

Envoyer

Nombre de mots : ....

4 Production orale

25 points

Préparation : 10 minutes   **Passation : de 6 à 8 minutes**

Déroulement de l'épreuve
L'épreuve comporte trois parties. Avant le début de l'épreuve, vous tirez au sort deux sujets pour la partie 2 et deux sujets pour la partie 3. Vous en choisissez un de chaque. Ensuite, vous disposez de 10 minutes pour préparer ces deux parties. Lors de la passation, les trois parties s'enchaînent.

1 Entretien Dirigé sans préparation
1 minute 30 environ

Vous saluez votre examinateur et vous vous présentez.
Vous parlez de vous, de votre famille, de vos études, de vos goûts etc.
L'examinateur peut ensuite vous poser des questions complémentaires.

2 Monologue suivi avec préparation
2 minutes environ

Vous tirez au sort deux sujets et vous en choisissez un.
Vous vous exprimez sur le sujet.
L'examinateur peut ensuite vous poser des questions complémentaires.

Le métier
Quel métier voulez-vous faire plus tard ? Dites pourquoi. Connaissez-vous quelqu'un qui fait ce métier ? Expliquez.

Vos tâches domestiques
Est-ce que vous aidez votre mère à faire le ménage ? Qu'est-ce que vous faites pour l'aider ?
Vous occupez-vous seulement de votre chambre ? Qu'est-ce que vous n'aimez pas faire pour aider ? Expliquez.

3 Exercice en interaction avec préparation
3 à 4 minutes environ

Vous tirez au sort deux sujets et vous en choisissez un.
Vous simulez un dialogue avec l'examinateur afin de résoudre une situation de la vie quotidienne.
Vous montrez que vous êtes capable de saluer et d'utiliser les règles de politesse.

Demande d'aide
Votre mère vous demande de garder votre petite sœur. Vous n'avez pas envie. Vous trouvez des excuses.
L'examinateur jour le rôle de la mère.

Inscription à un cours
La maison des jeunes organise un cours d'informatique. Vous êtes intéressé(e), vous téléphonez et vous demandez des informations (jour, horaire, durée du cours, nombre total d'heures, prix, conditions d'inscription, modalité de paiement, nombre de participants).
L'examinateur joue le rôle du secrétaire.

L'examen

La France administrative

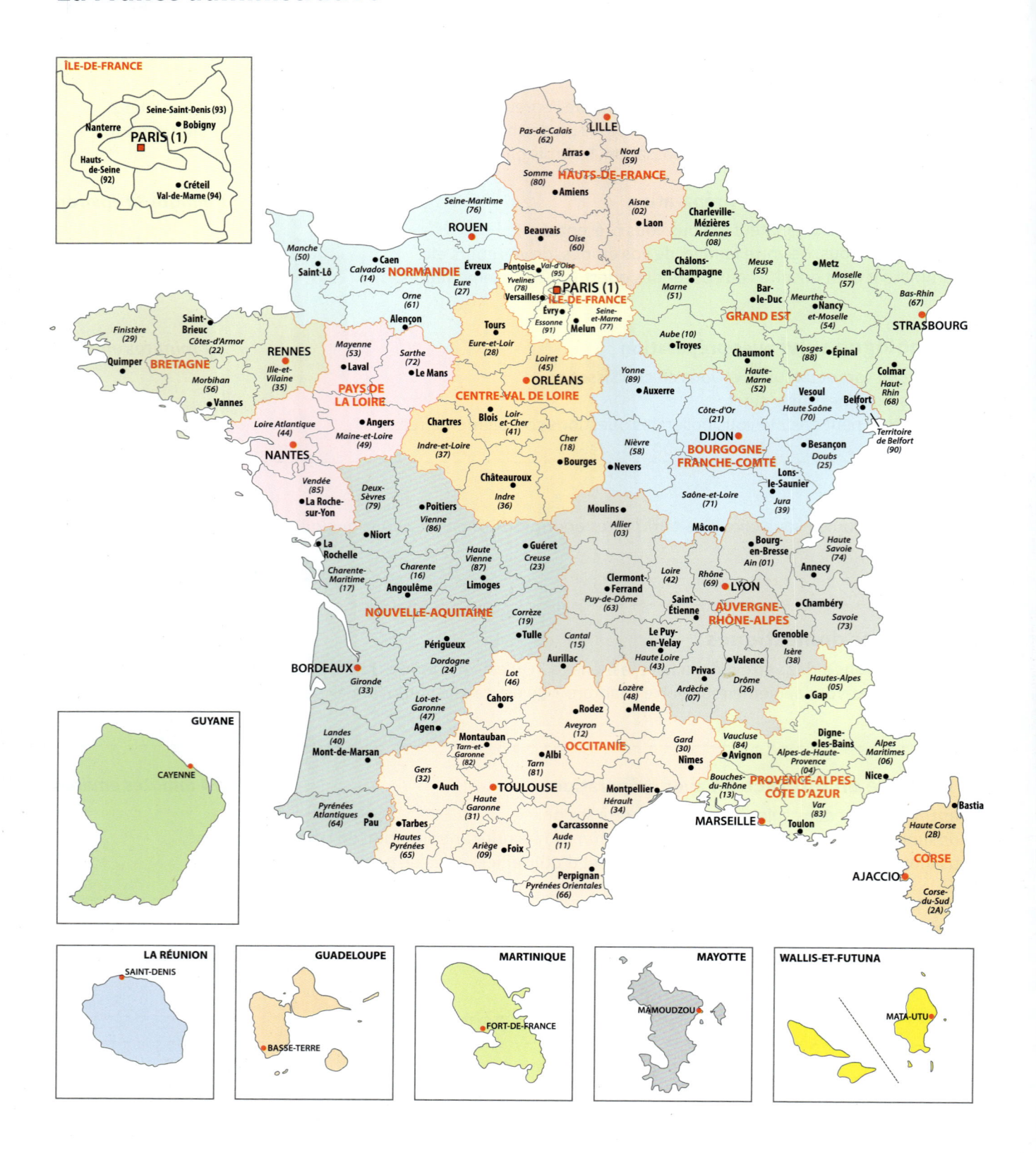